Korte verhalen voor de nabije toekomst

CW01660326

The Next Ten Years

Korte verhalen voor de nabije toekomst

Leven in technologie

Verhalen van Jinte Dhelft, Sam Gerrits,
Karin Giphart, Niels 't Hooft,
Jonathan van het Reve, Karin Spaink,
Bas van der Veen en Robbert Welagen

Redactie: Karin Spaink

Nijgh & Van Ditmar // XS4ALL
2007

www.xs4all.nl
www.thenexttenyears.nl
www.nijghenvanditmar.nl

Copyright © TNTY / Jinte Dhelft, Sam Gerrits, Karin Giphart, Niels 't Hooft, Jonathan van het Reve, Karin Spaink, Bas van der Veen, Robbert Welagen
Boekverzorging Mieke van Heesewijk en Annetta Willemse
Illustratie omslag: Creative Commons Retinafunk Media Services (straatkunst in Düsseldorf, Duitsland)
NUR 323 / ISBN 978 90 388 6965 0

Inhoud

2012

Karin Giphart

'Doet het pijn, papa?'

Daar begon het mee. Met een ocular implant in haar vaders hersenen en een trendy bril erbij, waardoor hij niet alleen weer normaal kon zien, maar ook infrarood, een telescoop en een zoomoptie tot zijn beschikking had.

'Wat moet ik met die extraatjes? Ik wil gewoon weer kunnen zien,' had hij verklaard. Haar vader wilde de wereld aanschouwen zonder de misvormingen veroorzaakt door de gele staar, *macula degenerare*. Het was inmiddels zo erg geworden dat hij zich op iemands knieën moest concentreren om diens ogen te kunnen zien. De verzekering stond erop dat hij de chip nam, omdat geen enkele andere ingreep verbetering zou geven en hij anders arbeidsongeschikt zou worden verklaard.

'En, kun je weer normaal zien?' vroeg Karin. Zijn ogen waren vochtig. Ze kon zich niet herinneren dat eerder bij hem gezien te hebben. Toen ze ongemakkelijk een hand op zijn schouder legde, wreef hij snel in zijn ogen.

'Mijn chip mag niet roesten,' bromde hij.

De Noord-Zuidlijn was sinds kort open. Het was niet erg druk.

'Nu kunnen we samen naar de Olympische Spelen kijken,' zei ze, terwijl ze op de metro wachtten.

'Over tien dagen! Dat was de reden om het nu te laten doen,' zei haar vader met een knipoog.

'Jaja. Papa, lees dat affiche aan de overkant eens.'

'Wat? O, Honda rijdt op water. Een schone koude brandstofcelauto.'

'Wat staat er op het scherm ernaast, de nieuwsregel?'

'Ben ik een hond met een nieuw kunstje? CNN heeft het over een solar storm.'

'Verdomme, je ziet echt veel beter dan ik, mijn papa is een super-cyborg.'

'Voor vijf jaar. Dan moet ik een nieuwe.'

'Nu ik het bij jou zo zie, weet ik het zeker, ik wil ook een implantaat.'

'Voor je ogen?'

'Nee, om mee te internetten, maar het is nu nog veel te duur. Ik wil het je wel even laten zien in de stad.'

'Wacht even, lief, ik zie dat die jongen zijn hand erg dicht bij de tas van die vrouw heeft.'

'Haha, superpapa,' zei Karin.

'Doet het nog pijn?'

'Nauwelijks.'

Haar vader keek haar bedenkelijk aan. Ze haalde haar schouders op. Nu was ze een van de eersten in Nederland die de Googlegate van Cyberkinetic in haar hoofd had laten zetten. Voor bijna geen geld.

'Er staat hier dat het een bètaversie is.'

'Nou en, ze zullen het toch niet in de handel brengen als het erge problemen geeft? Morgen mag ik hem activeren. Nu mijn lichaam hem niet heeft afgestoten.'

'Hoe zit het met de garantie en verzekeringen?'

'Boeiend. Vraag me liever wat ik er allemaal mee kan doen.'

'Je kunt er mee het internet op, zonder je handen te gebruiken.' Haar vader zei het alsof het niets bijzonders was.

'Weg met de middeleeuwse martelmuis! Ik hoef nooit meer iets te vergeten of me te verslapen, want de chip geeft me een signaaltje als ik een afspraak heb. Binnenkort komt de bril erbij en dan,' zei ze en maakte een rondedansje, '...breekt er een nieuwe tijd aan. Heb ik geen computer of laptop meer nodig. Hoef ik nooit meer een krant te kopen. Ik hoef zelfs de deur niet meer uit om boodschappen te doen, want die doe ik allemaal in mijn hoofd. Online. En mijn pijnlijke polsen behoren tot het verleden.'

'Hoe kun je nu in je hoofd typen?'

'Door te denken. Vijf jaar geleden ging het nog met vijftien woorden per minuut, Matthew Nagle, weet je nog? Inmiddels is het niet meer voor verlamde mensen, maar kan iedereen het gebruiken. Lees maar, er zit een workshop bij. Een kwestie van aanleren.'

'Wil je zout over je popcorn, of suiker?'

'Allebei.'

Haar vader was de enige die ze kende die zelf popcorn in een pannetje plofte. De ceremonie van de Olympische Spelen kon ieder moment beginnen, maar ze was te opgewonden. Haar vader deelde haar enthousiasme niet.

'Je weet dat er vandaag Kamervragen zijn gesteld?'

Ze nam de popcorn van hem over en installeerde zich op de bank. 'Wat heeft de politiek ermee te maken?'

'Ja, als iedereen dadelijk zo'n chip neemt, dan heeft dat gevolgen. Scholieren bijvoorbeeld, die kunnen gewoon alles opzoeken in hun hoofd. Er komt een onderscheid tussen wie wel een chip heeft en wie niet.'

'Je kunt het niet tegenhouden.'

'En hoe zit het met virussen? En de veiligheid? Kun jij nu ook stiekem in andermans files bladeren?'

'Ssh, de ceremonie begint.'

'Och, dat ik dit toch mag zien,' zei haar vader en kwam naast haar zitten.

We staan 3-1 voor met hockey!

Even was ze duizelig. Ze had gelezen dat als ze rustig bleef ademhalen het vreemde gevoel snel zou wegtrekken en dat was ook zo. Ze keek voorzichtig naar het scherm en zocht de cursor op. Als het goed was, zouden haar hersengolven nu herkend worden.

Ja, daar bewoog de cursor!

Zonder dat ze direct gelinkt was aan de nieuwe computer, deed de cursor wat zij wilde. Bijna, althans. Ze moest zich concentreren en niet aan andere dingen denken. Het duurde even, maar het lukte om haar chatvenster te openen. Haar vader bleek beneden netjes online te zijn, zoals ze had gevraagd.

hai, ouwe, wat fijn!

Het kostte haar meer dan een minuut.

Karin? Ben jij het echt, op de nieuwe of de oude manier?

louter op wilskr8.

Nu ging het al iets sneller.

;-) en hoe voel je je?

als een kind met een nieuw speeltje.

Ze gaf een gilletje. Zij was nu ook een cyberchick.

Hersengolven kun je ook buiten het lichaam meten. Dan heb je toch eigenlijk geen chip van binnen nodig?

Dat is voor de toekomst, papa.

Kom je nu weer naar beneden?

Het was niet zo gek lang daarna dat ze iets vreemds ontdekte. Ze keek toevallig in haar history om een website te zoeken die ze een dag eerder had bekeken, maar niet had gebookmarkt, toen ze een website tegenkwam die ze niet herkende. En nog een. En nog een. Het lag niet aan haar pop-upblocker, want die stond aan. Had haar vader achter haar computer gezeten? Die gedachte schoof ze meteen terzijde. Een hacker? Misschien, maar haar vader had haar computer goed beveiligd, dat was immers zijn werk.

'Papa, wil jij mijn computer controleren?'

'Ja, waarom?'

'Het lijkt wel of iemand via mijn computer surft.'

Haar vader kon niets vinden en ze legde het maar naast zich neer. Bovendien had ze 't veel te druk, ze wilde iedereen vertellen over haar Googlegate.

Een tweede incident volgde. Haar vriendje beschuldigde haar ervan dat ze online was geweest om twee uur 's nachts.

'Man, ik lag te pitten. Echt, vraag het aan mijn vader.'

'Had je je computer dan niet uitgezet?'

'Jawel, of misschien op stand-by, ik weet het niet meer.'

'Ik stuurde je een chatbericht, maar plotseling was je offline.'

'Vreemd. Echt vreemd.'

Ze mailde Cyberkinetic of er bijverschijnselen waren gerapporteerd. Was haar chip beveiligd? Kon iemand anders via haar chip internetten? Theoretisch kon het, mailden ze terug, maar in de praktijk was het absoluut onmogelijk. Niet geheel gerust liet ze het varen. Er kwamen tentamens aan.

Haar vriendje mailde haar dat ze elkaar te weinig zagen. Ze vroeg hem om het even te laten rusten. Hij stuurde haar een mailtje dat ze een koele bitch was om vervolgens allemaal Hallmark e-cards te sturen met bloemetjes en grappige beestjes. Ze vroeg hem om nu echt even niet meer te mailen of te chatten.

Twee weken na de Olympische Spelen – ze zat net te lezen hoe een atleet beschuldigd werd van valsspelen, omdat hij een chip in zijn lichaam had die zijn eigen adrenaline oppompte, iets wat een internationale rel veroorzaakte – kreeg ze een mailtje van haar vriend dat hij het wilde uitmaken. Dat zij daar op aangestuurd had door te weigeren met hem te spreken. Ze beantwoordde zijn mail niet, maar liet haar vader de wax, een ring en een paar persoonlijke items naar hem terugbrengen, zodat hij ook niet meer langs hoefde te komen.

Haar vader vroeg bezorgd of ze niet te veel tijd achter de computer zat. Ze wuifde hem weg. 'Laat me maar even. Ik doe nu de geavanceerde workshop en dat is een heerlijke afleiding.' Toch beloofde ze hem om wat vaker beneden te komen zitten na het eten. Die avond legde hij tickets neer voor een tripje naar het ruige Schotland.

'We gaan even weg van de bewoonde wereld. Lekker klimmen, wandelen en in een blokhutje zitten.'

'Klinkt heerlijk, papa.'

'De laptop gaat niet mee.'

'Wat?'

'Ik meen het.'

Met tegenzin gehoorzaamde ze hem.

Ze was nog niet terug uit Schotland of ze mailde een studievriendin of die met haar wilde gaan stappen. Die avond dronk ze te veel tequila en viel halfbewusteloos op bed. Pingping, ging een alarm in haar hoofd. Half acht. Automatisch deed ze haar computer aan en haalde haar mail op. 'Karuusje', was het onderwerp van een mailtje. Wat? Alleen haar overleden moeder noemde haar zo en haar vader heel soms. Met een raar gevoel in haar buik opende ze de mail. Er stond:

Ik mis je.

Ik mis onze nachtelijke gesprekken.

Ik heb het uitgemaakt met mijn vriend. Wil je me nu wel ontmoeten?

Yuga.

Dit moest een fout zijn, of een heel raar toeval. Haar vader opperde een andere verklaring.

'Wat ik me afvraag, wat gebeurt er als je slaapwandelt?'

'Hoe bedoel je?'

'Zou jij in je dromen je chip kunnen activeren en gaan mailen?'

'Dat zijn toch hele andere hersengolven?'

'Is dat zo, google het eens?'

Maar ze dacht aan iets anders. De cursor trilde ervan. Ze typte in dat in het vervolg de chatsessies automatisch moesten worden opgeslagen. Die nacht ging ze met een ongerust hart slapen.

Zodra ze weer wakker was, opende ze het mapje van de chatsessies en slaakte een kreet. Haar vader kwam aanrennen. Ze liet hem zien dat ze een paar uur lang had zitten chatten. Op licht flirterige toon. Schijnbaar met een vrouw.

'Ik laat je even alleen,' zei haar vader.

Ze hoorde hem niet eens meer, zo snel scande ze de teksten. Op zoek naar antwoorden. Het kon toch niet zo zijn dat haar onderbewustzijn heel anders was dan haar bewustzijn?

het voelt als een zwart gat. ik voel me leeg en ik weet niet wat ik eraan kan doen, had ze geschreven. Was het zo erg met haar gesteld? Ze dacht zelf dat het wel meeviel. Alle macabere gedachten drukte ze doorgaans weg. Het verlies van haar moeder bijna twee jaar geleden, daar werd eigenlijk niet over gesproken. Omdat het gewoon te veel pijn deed. Daar hadden zij en haar vader geen behoefte aan. Maar de chatsessies lieten een heel andere kant zien. Wie was Yuga, die troostend en hartverwarmend lief antwoordde? Toch voelde het vertrouwd.

Ze besloot het mailtje te beantwoorden. Na een aantal pogingen liet ze dat idee varen. Wat als ze die Yuga zou afschrikken door te zeggen dat ze slapend met haar chatte? Ze moest bij de computer vandaan. Of de computer bij haar.

'De computer gaat even naar de zolder,' vertelde ze haar vader, 'en ik wil dat je me vastbindt.'

'Wat zullen de buren zeggen?' grapte hij.
'Als je merkt dat ik opsta, moet je me wakker maken.'

'Nee, je hebt je bed niet verlaten,' vertelde hij haar in de ochtend, 'maar je droomde wel heel onrustig.'

Toen ze de computer aandeed en rechtstreeks naar de history van de chatsessies ging, ontdekte ze dat er een log was bijgekomen. Ze bleek tegen Yuga gezegd te hebben dat ze elkaar 21 december moesten ontmoeten, omdat dat kosmisch zo'n aparte dag was: volgens de Maya's zou er dan na 23.000 jaar een nieuwe telling beginnen. Ze wist niet eens dat ze dat wist. Of nee, ze had er misschien wel eens overheen gesurft. Ze werd kwaad, vooral op zichzelf.

'Papa! Je bent in slaap gevallen en hebt niet gemerkt dat ik gewoon ben opgestaan.'

'Niet dat ik weet, schatje. Maar we gaan het nu checken.' Hij deed de computer uit. Zet 'm in gedachten weer eens aan?'

'Man, dat kan ik niet.'

'Probeer het... Probeer het!'

'Doe ik al, maar het lukt niet.'

'Tegenwoordig gaan computers niet echt meer uit. Zelfs al zet je ze uit, dan staan ze eigenlijk op stand-by. Maak een mailtje en probeer dat te versturen.'

'Maar ik heb geen beeldscherm.'

'Doe het in je gedachten.'

Ze schudde haar hoofd. 'Het lukt niet.'

'Misschien wel als je slaapt.'

'Ik durf bijna niet meer te gaan slapen. Wie weet wat mijn onderbewustzijn allemaal uitspookt. Dadelijk blijk ik van alles te hebben gekocht.'

Haar vader wreef over haar rug. 'Maak je geen zorgen.'

21 december. Klokslag negen uur stond ze voor café De Schutter waar haar vader al in zijn studententijd kwam. Karin keek rond. Een paar jonge kerels, een paartje, twee

dames en aan de bar een getint meisje.

'Yuga?'

Twee grote ogen keken haar aan. Het meisje knikte en stond op. 'Wil je aan een tafel zitten?' vroeg Yuga.

Samen bespraken ze eerst wat lichte onderwerpen. Karin kreeg een complimentje over de jurk die ze uiteindelijk had uitgekozen. Ze bejubelde het mooie haar van Yuga en zo ging het nog even door tot ze een paar drankjes verder de stoute schoenen aantrok.

'Ik wil dat je weet dat ik niet bewust met je chat. Ik bedoel, ik chat met je als ik slaap.'

Yuga glimlachte. 'Dat verklaart veel,' zei ze, 'ik namelijk ook.'

'Wat? Echt? Heb jij toevallig ook...?' zei Karin en wees op haar hoofd.

Yuga knikte en zei: 'Wat een manier om elkaar te ontmoeten!'

'En nu?' vroeg Karin.

'Nu gaan we het zonder chip doen en kijken hoe ver we komen.' Yuga tikte op Karins hand. Ze trok hem niet weg.

'Deed het pijn toen jij je chip kreeg?'

'Helemaal niet. Jij?'

'Nauwelijks. Had jij toen ook dat...'

Buiten leek er een regen van gouden druppeltjes tegen de ramen te slaan. Karin en Yuga sloegen er geen acht op. Die zaten in hun eigen wereldje en hadden niet door dat ze niet eens meer met elkaar zaten te praten, maar elkaar toch begrepen.

De pixelvriend

Robbert Welagen

Ik heb met mijn familie en vrienden gebroken. Maar met Hester heb ik weer contact opgenomen. Voor haar zette ik de Goggles een paar keer per jaar op: een bril waardoor je degene met wie je praat in zijn omgeving ziet.

Ze is na een werkdag in huis bezig en intussen praat ze met mij.

'Ik ben nergens,' antwoord ik als ze het niet kan laten te vragen. 'Nog steeds.'

Ik ben slechts een aantal gekleurde pixels op een beeldschermpje aan de andere kant van de wereld.

Vluchten doe je alleen. Vergeten doen de anderen.

Verdwijnen is ooit romantisch geweest. Er ging iets van uit, alsof je een metamorfose onderging. Zo stelde ik me dat voor. Als je maar 'buiten beeld' wist te komen, dan bestond je niet meer. Maar de werkelijkheid is anders. Het nadeel van vluchten is dat je jezelf meeneemt. En met Googleplanet kan iedere computergebruiker als een alwetend oog over de wereld dwalen. Inzoomen op een bepaalde stad, wijk en vervolgens een straat. In Nederland kun je mij op Martinique bananen zien plukken.

In het begin was ik die 'lange jongeman die in een klein huis woont, net buiten het dorp', maar inmiddels zijn de inwoners van Le Vauclin aan me gewend. Het was een bouwval toen ik er acht jaar geleden in trok. In de achtertuin trof ik het wrak van een tweepersoonsvliegtuigje aan. De staart ontbrak. Het geheel was overgroeid door struiken. Mijn stukje land was vroeger een vliegveld.

Ik hakte de struiken weg, knapte het huis op en de cockpit van het vliegtuigwrak werd een hondenhok. Boris ligt vaak languit over de twee vale stoelen, met zijn kop op zijn poten, te wachten tot ik thuiskom.

Op een bananenplantage heb ik een baantje gevonden en twee dagen in de week geef ik Engelse les op een middelbare school in Fort-de-France, de hoofdstad van Martinique. Zo leid ik mijn onzichtbare leven. Onzichtbaar voor mezelf en onzichtbaar voor de anderen. Ik besta niet meer. Mijn leven is na mijn 26ste opgehouden.

Hester dreigde een keer me te gaan zoeken. 'Ook al moet ik de hele wereld af, ik zal je vinden. Ik wil je weer veranderen in een mens.'

Gelukkig meende ze het niet. Ze is getrouwd, heeft twee kinderen en een baan. Een zoektocht naar een jeugdvriend zit er niet in. Toen studeerde ze psychologie. Ze was goed. Ze haalde negens en hield niet van kinderen. De voorwaarden voor een carrière. Maar de biologische klok laat geen vrouw ongemoeid, lijken haar kinderen te zeggen. Ze zijn zes en acht en noemen mij hun 'pixelvriend'. Ik heb ondanks alles een soort familie opgebouwd. Een pixelfamilie. Een vrouw en twee kinderen.

Vanavond zit ik samen met mijn hond op het strand. Ik heb mijn Goggles op. Soms, als Boris de stok komt terugbrengen, zet ik hem op stand-by.

Hester vindt me oud geworden. Ik hoor haar boven het slaan van de golven uit zeggen: 'Draai je gezicht eens iets naar links. Zie ik daar de eerste grijze haren bij je slaap? Ouwe zak.' En dan haar lach. Schel in mijn oordopjes.

Ze heeft een jongensachtige, grootsteedse humor waar ik elke keer weer aan moet wennen. Hier lopen de dagen vloeiend in elkaar over, zonder obstakels die de tijd in stukken delen. Ik ben een drenkeling die het drijfhout opzettelijk aan zich voorbij laat gaan.

'Ja hoor, je wordt grijs. Dus kom maar weer terug. Voordat je dood bent.'

Boris komt aangerend met een stok in zijn bek. Ik aai hem over zijn kop.

Ik denk dat Hester mijn drijfhout is. Toen al en nu nog steeds. De andere mensen heb ik kunnen vergeten. Haar niet. Maar mijn kansen zijn verkeken. Ze is getrouwd en heeft twee kinderen. Ik heb haar voorbij laten drijven.

'Mensen van pixels gaan nooit dood,' zeg ik zonder overtuiging. 'Jij en ik, wij blijven altijd leven. Beelden zijn onsterfelijk.'

'Dat zijn puberale denkbeelden waar je nooit vanaf bent gestapt,' zegt Hester. 'Ik heb het altijd jammer gevonden dat je niet iemand was die het leven induikt. Zoals Thomas en ik het leven ingedoken zijn. Je bent bang. En met die Goggles denk je dat je actief deelneemt aan de wereld. Dat romantische, dat afzijdige. Word eens wakker...'

'En ruik de koffie,' zeg ik.

'Wat zeg je?'

'Niks, ik maakte een grapje.'

Hester loopt van de keuken, waar ze wat vaatwerk aan het opruimen was, naar de bank in de huiskamer. Ze ploft erop neer.

'Is Thomas niet thuis?'

'Nee, hij moet overwerken. En de kinderen liggen al in bed.'

'Het is negen jaar geleden dat ik debuteerde,' zeg ik.

'Wat?'

'*Lipari* kwam precies negen jaar geleden uit.'

'Dat is waar ook, ja. Je novelle. Ik was het helemaal vergeten.'

'Denk je dat het nog gelezen wordt?'

'Ik weet het niet. Ik heb nooit in die wereld gezeten. Jij was het die me meenam naar die feesten van de uitgeverij. Weet je nog, dat feest in Carré?'

'Ja, dat weet ik nog goed. De directeur organiseerde

het. Het was de eerste keer dat we in Carré kwamen, in 2005. "Pluche", zo heette het. Met Nederlandstalige muziek.'

'Ik heb erg genoten die avond,' zegt Hester.

'Ik ook.'

Er valt een stilte.

Op dit soort momenten moet ik altijd oppassen, want Hester kijkt dan lang in de lens. Om mij het gevoel te geven dat ik haar verraden heb door weg te gaan. Terwijl ik het als verraad zie dat ze is getrouwd en kinderen heeft gekregen. Een mens is slechts zuiver als hij alleen is.

Maar ze wendt haar blik weer af. 'Ik heb het een paar jaar geleden nog eens doorgebladerd,' zegt ze. 'Het heeft toch iets nostalgisch, zo'n echt boek. Het staat in de kast. Weet je nog wat je er tijdens de boekpresentatie hebt ingeschreven?'

'Nee,' lieg ik.

Ze staat op en ik zie haar naar de boekenkast lopen. 'Hij moet hier ergens staan...' Ze glijdt met haar wijsvinger over de boeken in de kast. Uiteindelijk stopt ze bij een blauwe rug waar mijn naam op staat. Ze slaat het boek op de eerste pagina open. 'Kun je het lezen?' vraagt ze.

Ik zoem in door aan de rechterkant van mijn bril op een knopje te duwen. 'Voor Hester,' lees ik hardop, 'mijn rondborstige bosnegerin.'

Ze lacht.

'Dat was ik vergeten,' zeg ik.

'Ach ja, het is al zo lang geleden.'

Ze legt het boek weg en ploft weer neer op de bank. Op een laag tafeltje staat een fles rode wijn en één glas.

'Dus Thomas werkt weer eens over?' vraag ik.

'Wil je niet zo ironisch over mijn man praten?'

'Ik zag één glas staan, dat is alles...'

'Hij durft tenminste verantwoordelijkheid aan.'

Na al die jaren heeft ze haar pit nog steeds niet verloren.

'Kinderen op de wereld zetten is niet per definitie een

verantwoordelijke keuze,' zeg ik.

Ze steekt haar middelvinger naar me op.

Voor mij zijn dit soort gesprekken slechts theorie. Wat weet ik van kinderen en verantwoordelijkheden?

'Wie zit hier nu op een donker strand, in het gezelschap van een oude hond, met Goggles op zijn hoofd?' vraagt ze.

Ik glijd met mijn hand door het zand, om me een houding te geven.

'Geef het maar toe, Robbert. Je kunt niet zonder mij. Je hebt mij nodig. Maar in je dromerijen over het afgezonderde leven past geen vrouw van vlees en bloed. Je denkt in beelden. In idealen. Ik poep, wist je dat? Ik heb kinderen gebaard. Oooooveral bloed. Maar in jouw voorstelling is daarvoor geen plaats.'

Mijn zwijgen op een donker strand was voor haar geen reden om op te houden.

'Je neemt alleen maar contact met me op om te laten merken dat je op me neerkijkt. Op mijn leven, mijn kinderen, mijn man, op het feit dat ik een hypotheek heb. Je informeert nooit. Je wilt alleen maar dat ik aandacht aan je besteed. Dat ik je voed. Je bent een klein kind. Nou, raad eens, daar heb ik er hier genoeg van.'

Het is even stil.

Ze schenkt een glas wijn in voor zichzelf en zegt: 'Dus.'

'Je denkt te zwart-wit,' zeg ik.

'Nee hoor, ik ben gewoon duidelijk.'

Ik glijd weer met mijn hand door het zand.

'Ik moet nu ophangen. Ik moet Boris gaan zoeken,' zeg ik als excuus.

'Prima,' zegt ze, 'hij zit naast je.'

Dat is het nadeel van Goggles. De ander ziet meer van je omgeving dan jijzelf.

Hester verbreekt de verbinding terwijl ze een slok wijn neemt. Ik sta op.

Zo eindigen onze gesprekken altijd. Ik doe mijn best, maar vroeg of laat maak ik iets kapot. Ik vlucht, zelfs in een kort gesprek. Maar ik neem niets mee. Ik heb niets meegenomen.

Ik haal de Goggles van mijn hoofd en houd hem even in mijn hand. Zo sta ik daar een tijdje. Dan gooi ik de Goggles de zee in. Boris rent erachteraan en komt hem terugbrengen. Ik gooi hem nog een keer de zee in. En nog een keer en nog een keer. Net zolang totdat Boris hem niet meer terug komt brengen.

Hij komt naast me liggen. Hij is moe. Hij wil naar huis. Ik ook.

De woordvoerder

Jinte Dhelft

P. was een 24-jarige jongeman die op de parterre van een appartement in de Madeliefjesstraat woonde. Dat hij in een vroegere handelsruimte woonde was vooral merkbaar aan het grote rechthoekige raam. Zijn bed bevond zich in dezelfde ruimte als de eetkamer, keuken, werkkamer en salon. De badkamer was vroeger een opslagplaats geweest. De rekken die er stonden, roestten vanwege de vochtigheid die er heerste wanneer hij de badkamer gebruikte. Omdat de roest de kleur van de onderste badhanddoek had aangetast, gebruikte hij die nooit.

De deurbel wekte hem. P. droeg zijn nachtgoed. Hij kon zich voorstellen dat het een postbode was. Inderhaast ontdeed hij zich van zijn slaapplunje. Vanwege het vroege uur was zijn kamer verduisterd. Naakt ging hij op zoek naar de bureaustoel waar zijn kleren lagen. Hij vond een gedragen jeans en een schoon T-shirt. Bij het openen van de deur stelde hij vast dat het bar weer was. Veel regen, veel wind. Vier mannen stonden in het deurgat. 'Heren?' De vier goedgeklede mannen hadden geen onmiddellijk antwoord. De achterste hield een paraplu in de lucht die de anderen blijkbaar ook beschermde, want geen van hen was nat. 'Mogen wij binnenkomen?'

'Mag ik weten waarvoor?'

'Bent u Pawlow Vancauteren?' P. bevestigde zijn naam en vroeg of ze elkaar kenden.

'Wij kennen uw naam,' zei de kleinste van het viertal met een onnatuurlijk nasale stem.

'Hoe kent u mijn naam?' vroeg P.

'Via DOUR,' antwoordde de man die zonder meer ongezond klonk.

Plechtstatig rechtte P. zich. 'Komt u binnen.'

Men dankte hem daarvoor. Na zijn paraplu dichtgeklapt te hebben, kwam de vierde man binnen. Hij droeg een kistje dat zijn lichaam naar rechts deed hellen.

Er stonden slechts twee stoelen en een tweezitsbank in P.'s flat. Na kort zijn bed geschikt te hebben nam hij de stoelen, die bij een krappe tafel hoorden, en plaatste ze tegenover de bank. De nasale man ging het eerst zitten. Dan volgden de twee anderen. De man van de paraplu bleef bij zijn kist, alsof die bewaking nodig had. P. wachtte, wilde zichzelf herhalen, maar de nasale stem was hem voor: 'Wij hadden graag dat u bij ons aanschuift.' De overblijvende plaats, schuin tegenover hem, werd P. aangewezen.

'Ik vind het niet erg om te staan.'

'En wij vinden het niet erg dat u bij ons komt zitten.'

P. nam plaats.

'Kunnen wij stellen dat u religieus bent?'

'Ja.'

'Als ik benadruk dat u ook ontkennend mag antwoorden, zegt u dan nog "ja"?'

Verward antwoordde P.: 'Ja.'

'Zulke helderheid stel ik op prijs. Die kan het gesprek alleen maar ten goede komen.'

De vierde man bukte zich en nam een mapje uit de zijkant van de kist. Omdat iedereen er het zwijgen had toegedaan weerklonken zijn stappen luid. De woordvoerder nam het aan en begon over Rebecca.

'Rebecca woont hierboven,' zei P.

'Hebt u ons meer te vertellen?'

'Ze is ook ingeschreven bij DOUR.'

Voor het eerst smaalde de man. 'Werkelijk?' Hij bladerde het mapje verder door en gaf het toen aan P. die vooral naar het zwijgende drietal keek. Naast hem zat een dikke man. De andere canapézitter had een aaneengegroeide wenkbrauw. Hij zat met gespreide benen, waardoor zijn broek spande en blonk. In het mapje zaten lijsten waarvan P. niet onmiddellijk begreep wat hij ermee te maken had. Zwijgzaam sloot hij het.

'Hebt u een verklaring waarom u lid bent van *DOUR*?'

'Zo direct heb ik daar geen antwoord op.'

Er werd gezucht. 'Wij hebben dit soort gesprekken vaker.'

'Ik niet,' reageerde P. met een eerlijkheid die het niet van hoffelijkheden of hypocrisie moest hebben.

'Wij zijn hier omdat u Rebecca kent. Kunnen wij het over haar hebben?'

'Ze woont hierboven.'

'Daar zijn wij ons van bewust, maar we willen haar niet afschrikken. Gaat u naar pagina drie van het dossier.' P. bladerde naar de derde bladzijde. 'Leest u de regel van nummer 703456 hardop voor.' P. las codes op die hem vreemd waren. De mannen rondom hem knikten. 'Wij begrijpen dat u dit niet volledig vat. Kent u haar goed?'

'Voldoende.'

'Hebt u greep op haar overtuigingen?'

'Vallen er correcte antwoorden te geven?'

'Dat zal blijken.' De vierde code die u gelezen hebt, staat voor Rebecca's status. Zelf hebt u een positieve status. Dat staat ook in dat verslag te lezen. U bent nummer 68200. Dat klinkt hard, maar dat is het niet. Wij noemen u toch *mijnheer Vancauteren*?' P. knikte. 'Dus een gebrek aan persoonlijke aanpak kunt u ons niet verwijten.' P. schudde het hoofd, en vroeg: 'Wat betekent een positieve status?'

'Dat uw lidgeld betaald is.'

'Ik heb mijn bank een permanente opdracht gegeven.'

'Zo raden wij dat ook aan. Mijnheer Vancauteren, zou u ons een dienst willen bewijzen?' Omdat er niet ogenblikkelijk reactie kwam, ging de man verder: 'Momenteel is ze op consultatie bij de leider van haar DOUR-gemeenschap. Wij verwachten dat ze over enkele ogenblikken weer beschikbaar zal zijn. Wij zouden het waarderen als u haar eraan herinnert dat DOUR een voorname organisatie is. En dat wij om haar geven. Wij willen haar niet kwijt.'

'Vanwaar hebt u die informatie? Waarom zou ze niet elders kunnen zijn?'

'Wij kunnen niet anders dan van onze naasten houden. Daarom willen wij hen voor vergissingen behoeden. Daarvoor moet men wel weten waar die naaste zich bevindt. En daar zetten wij de nodige middelen voor in. Daar kunt u, als weldenkend lid van onze organisatie, inkomen.'

'Dat stelt u niet als vraag.'

'Was dat nodig?'

'Ik hoop van niet.'

'Dan doen er zich ook geen moeilijkheden voor: u gaat ons helpen.'

'Wat moet ik haar vertellen?'

'Ik heb er vertrouwen in dat dat duidelijk zal worden.'

'Het zal zichzelf uitwijzen?'

'U zult zich laten loodsen.' P. zag mogelijkheid noch reden daar tegenin te gaan. Hij zat vast tussen dat kwartet dat hem aankeek als was hij een gevangene die zich dankbaar moest tonen voor wat hem vergund was.

Omdat er zich moeilijkheden hadden voorgedaan stond P. op straat. Als enige. Er was geen buurvrouw die een emmer leegkiepte, of een man die zijn hond uitliet. Er was onenigheid geweest over de toon waarop hij Rebecca benaderen moest. Vooraleer dat conflict escaleerde, zei de woordvoerder: 'Wij hebben de gave ons begripvol op te stellen.' Daarna had P. niets meer te horen gekregen. De ranke man had hem onder de oksel genomen en hem naar de voordeur gebracht. Alles was met een zekere hoffelijkheid gebeurd. Totdat duidelijk werd dat hij naar buiten moest.

'Mag ik een jas?' Het zwijgend drietal had daarvan opgekeken. 'Waarom krijg ik geen jas mee? Het regent.'

'Jassen zijn niet gespreksbevorderend,' kreeg P. als antwoord. 'Heb vertrouwen.'

'Dat héb ik,' drukte P. de man op het hart als een ander een mes op de keel.

'En nochtans krijgen wij de indruk dat u ons liever kwijt dan rijk bent.'

Er werd gezwegen. Toen kwam een harde vaststelling: 'Eerst wilt u een jas en vervolgens wilt u ons weg.'

'Dat heb ik niet gezegd.'

'Nochtans heb ik die conclusie getrokken en ben ik ervan overtuigd dat mijn collega's zich erin kunnen vinden. U houdt van de organisatie. Daar wijkt u niet van af.' P. stemde in. 'Wij zullen dan ook niet vertrekken, maar wij vragen wél dat u zich naar buiten begeeft.' Verschrikt, zonder nog aan een jas of paraplu te willen of te durven denken, liep P. de gietende regen in.

Een twintigtal minuten stond P. intussen al in de regen. De geur van zijn gewassen T-shirt vermengde zich met die van zure regen. P.'s rolluik werd naar boven gehaald. Hij keek zijn huiskamer binnen als was het een film in de bioscoop. Omzichtig werd het kistje leeggehaald. Een printer en een harddisk werden uitgeladen en aangesloten. Hij liep naar de deur, om zich te laten horen. Nog voor hij daar de kans toe had, maakte de woordvoerder de deur open. Hij liet P. in de regen staan en zei: 'Hebt u bij Rebecca aangebeld?'

'Nee,' klappertandde P.

'Dat stel ik op prijs, maar waarom niet?'

'Voor DOUR. Ik wil misstappen vermijden.'

'U ondermijnt ons gezag, bent u zich daarvan bewust?' Omdat P. naar de plassen keek die nabij zijn voeten waren gevormd, werd er in zijn plaats geantwoord. 'Vermoedelijk wel. En ik zie mij genoodzaakt een bijkomende vraag te stellen: is dat geen misstap te noemen?'

'Ik heb het koud.'

'Zodra wij klaar zijn, mijnheer Vancauteren, mag u naar binnen. Deze deur blijft nog even dicht. Daarna kunt u binnenkomen.' De woordvoerder ging met zijn rug naar het raam staan en P. zag hoe geolied de anderen te werk gingen. Iemand ontfermde zich over zijn computer. Een ander sorteerde print-outs en gaf die door. De laatste in rij las voor. Het begon te waaien en terwijl het gevoel uit zijn handen trok, betreurde hij het niet te kunnen liplezen.

De deur werd opengeduwd. P. betrad zijn eigen woonst. 'Ik heb het koud,' zei hij opnieuw. Die opmerking werd in de wind geslagen. 'Waarom bent u lid geworden van *DOUR*? Daarvoor was u lid van een oecumenisch christelijk netwerk.'

'Die twee dingen staan los van elkaar. Ik ben uit dat netwerk gestapt omdat ik niet begreep wat mijn lidmaatschap precies inhield. Het was te vrijblijvend.'

'En *DOUR*?'

'Dat was een duidelijker verhaal. Zonder aarzelen werd me plaats en plicht toegewezen.'

'U bent iemand van het duidelijke verhaal?'

P. wilde instemmen, maar zijn woorden lieten hem in de steek, om hem daarna in te halen. 'Ik wil niet uit de organisatie geschrapt worden. Ik wil blijven, ik kan nergens anders heen. Ik hecht grote waarde aan *DOUR*. Komt dat dan anders over? Ik voer de opdrachten van mijn gemeenschapsleider uit, zonder ze in twijfel te trekken. En ik woon het merendeel van zijn lezingen bij. Kijkt u dat na? Dat is zeker in uw bestanden terug te vinden.'

'Laat u onze collega rustig verder werken,' declameerde de woordvoerder. Bij voorbaat werd P. gemaand excuses achterwege te laten. 'We moeten bij de essentie blijven. Zet uw beste beentje voor,' smaalde de woordvoerder. P. richtte zijn blik weer op hem. De anderen keken intussen weg. 'Mocht het zo zijn dat u geschrapt wordt,' zei de woordvoerder, 'zou u terugkeren naar uw vorige gemeenschap, of zou u nog een derde raadplegen?'

'Nee,' antwoordde P. vastbesloten.

'Zou u dan in uw eentje ronddwalen en een desolate dood sterven?'

'Ik weet het niet. Word ik geschrapt?'

'We zijn door u een lid verloren.'

P. drong aan op toelichting.

'U bent niet naar boven gegaan. Noch voor haar, noch voor uzelf hebt u inspanningen geleverd. Bovendien ontvingen wij geen tegenbericht van haar gemeenschapsleider. Ze zal van onze lijsten geschrapt worden zonder dat er een verhaal tegenover staat. En u begrijpt dat DOUR baat heeft bij het verhaal, toch? Als u dat niet begrijpt, dan heb ik u daarnet verkeerd begrepen.' De man werd verzekerd alles goed verstaan te hebben en kreeg, bij wijze van verontschuldiging te horen: 'Ik schatte de situatie verkeerd in.'

'Neemt u daar ook genoegen mee als een dokter u het verkeerde been amputeert? Antwoord!'

'Ik kan nog altijd naar boven gaan, voor dat persoonlijke gesprek.'

'Het is te laat.'

'Niet noodzakelijk. We bellen soms bij elkaar aan. Dat kan ik nu ook doen.'

'Wij vinden het te laat. Past dat antwoord u beter? Rebecca heeft DOUR niets meer te zeggen. En het omgekeerde is evengoed waar. Het is te laat. Voor haar, u en voor ons in zekere zin ook.'

'En nu?' vroeg P. terwijl op de achtergrond duchtig werd doorgetypt.

In de christelijke traditie heeft de mens zichzelf tot vrijheid veroordeeld. Van die fout had DOUR geleerd. Bij hen kreeg het individu plaats en plicht toegewezen. P.'s lotsbestemming hield het viertal daar. ‘Wij hebben uw archieven dubbel,’ zei de deurwaarder. ‘Enerzijds hebben we een kopie van uw harde schijf en anderzijds is er zeer veel afgedrukt.’

‘Bijna alles valt erin terug te vinden.’

‘Daar zijn wij van overtuigd.’

‘Ik wil niet uit DOUR verdwijnen.’

‘Als u niet gelogen hebt, gebeurt dat ook niet. Integendeel.’

Ze zouden op zoek gaan naar concrete zaken die erop wezen dat P. van de organisatie hield. ‘Vergeet u vooral niet te kijken naar mijn eerste rapporten. Daarin staat dat ik geen dolend beest ben, maar een mens met een plaats. Ik wil ook helemaal geen verdwaald en verdwaasd beest zijn.’

Ongewassen stond hij in de woonkamer. Er was P. gevraagd hygiënische beslommeringen na te laten. Gedurende de vier dagen woonde het viertal bij hem in. Ze sliepen afwisselend op de bank, en wanneer hij zelf wakker was kon een van hen zijn bed gebruiken. Hoewel de sfeer luchtiger was dan eerst, werd er minder gesproken. De situatie bleef onveranderd. De woordvoerder sprak. De anderen hielden hun mond als vermoord. P. droeg dezelfde kleren als toen hij hen had binnengelaten. Ook dat was hem gevraagd. ‘Het is nodig voor de beeldvorming,’ was hem verteld.

Op dag vier werd P. vroeg in de ochtend gewekt. De woordvoerder stond aan de andere kant van de kamer en vroeg op luide toon: ‘Gaan we naar de badkamer?’ P. stond op. Omdat hij bijna door zijn knieën zakte, werd hij door twee mannen ondersteund. ‘Die lichte paniek is begrijpelijk,’ werd hem verzekerd. ‘Ik heb het hier ook moeilijk mee, daarom blijf ik op afstand. Neemt u mij dat niet kwalijk.’ P.’s reactie beperkte zich tot medelevend geknik. De twee mannen bonden een touw om zijn nek.

'Waarom zijn jullie met zoveel mensen gekomen?' riep P. uit. 'Omdat iedereen zijn taak heeft,' kreeg hij als antwoord. 'En waarom hebben ze amper een woord gezegd?'

'Dat is mijn bevoegdheid.'

'Maar zal mij dit ten goede komen?'

'Dat hangt van uw nagelaten materiaal af. Maar daar had u alle vertrouwen in.'

'Nog altijd,' zei P.

'Dan zult u niet bekend staan als dwalend beest!'

Voor het eerst herkende P. de hartstocht die hem naar DOUR had gedreven in de stem van de woordvoerder. P. nam afscheid van zijn begeleiders, maar enkel de woordvoerder antwoordde: 'Wij hopen ook voor u het beste.'

Kort keek P. om zich heen. Hij hoorde het geritsel van papieren die werden opgeborgen en het gerommel van de printer en harddisk die werden ingeladen. Er waren mooiere plaatsen voorhanden om je laatste dag door te brengen. Hij nam het zichzelf kwalijk dat te denken: 'het beste', de beste uitkomst, daar ging het om.

Aldus werd P. een martelaar voor DOUR. Een belangrijk gezicht voor de organisatie. Later zouden de kranten spreken van zelfmoord. Het betrof een jongeman die zichzelf al enkele dagen verwaarloosde. Dat was te zien aan zijn kleren, zijn ongepoetste tanden, en zijn onverzorgde contactlenzen.

Deus ex machina

Bas van der Veen

De banken waren schoon vergeleken bij de ramen, die met graffiti en een dikke laag stof waren bedekt. Deze metro's reden nog geen jaar en waren al lang en breed ontheiligd door lieden die, anders dan Remy Godaert, geen verantwoordelijkheid kenden. Er zaten er ook nu een paar in de hoek van de metro een joint te roken, die ze naar alle waarschijnlijkheid hadden bekostigd met hun bijstandsuitkering. Ongemanierde holbewoners die een geciviliseerd mens in walging deden verzinken. Hun kleding zou menig bejaarde choqueren en ook hun haardracht was onmogelijk acceptabel te noemen.

Het stemde Remy tevreden dat de informatieschermen ongemoeid waren gelaten, temeer daar dat strookte met de teneur dat er meer respect voor technologie ontstond. Remy achtte dat hard nodig. Technologie zou de wereld veel goeds brengen en daar zou hij in eigen persoon voor zorgen. De schermen berichtten over het succes van ID4EveryBody, de site die alle communitysites verbond en iedereen het gewilde plekje op internet verschafte. Elke site die de mogelijkheid bood een profiel aan te maken, was erbij aangesloten. Sinds enkele jaren was het gebruik van ID4EveryBody wettelijk verplicht en kreeg ook de overheid een vinger in de pap. Het was zonder meer het grootste succes van het nieuwe decennium en belangrijker: het was zijn succes, het succes van Remy Godaert, de bedenker en directeur van ID4EveryBody.

De jongere generaties spraken vol lof over ID4E. ID4E

gaf hun leven samenhang, vergemakkelijkte contact, hielp ze elkaar te vinden. Het succes kwam als geroepen, aangezien de maatschappij in rap tempo atomiseerde en niemand verantwoordelijkheid nam. Met de huidige tendensen echter werd die verloedering gekeerd. Hij had menige discussie gevoerd met politici en linkse activisten, die tot in den droeve zeurden over vrijheden en diversiteit, maar ook die duivelstongen zouden binnen niet al te lange tijd verstommen. De regering was al enige tijd bezig met het installeren van zijn paradepaardje, de Esthepo, die zou toezien op de handhaving van de uniformwet en de Wet Gelijkheid, wetten die recalcitrant en divergent gedrag inperkten. Hij had het getroffen met deze conservatieve regering, die de burgers in hun angst voor het onbekende hadden gekozen. Natuurlijk waren de kiezers niet zo intelligent en innovatief als hijzelf, maar ze konden in ieder geval dienen als instrument in de strijd om de sociale samenhang, die in zijn fantasie allang gestreden was en triomfantelijk gewonnen.

De Esthepo zou ervoor zorgen dat mensen met bizarre kledingvoorkeuren en andere idiote uitspattingen van non-conformisme het zwijgen werd opgelegd. De *Web2Agents*, zoals hij ze noemde, zouden zich op straat begeven om weigeraars in te rekenen, maar ook het ID-netwerk afspeuren om mensen met afwijkende opvattingen op te sporen. ID4EveryBody zou daarbij het controlesysteem vormen, want op den duur moet ieder mens zich aansluiten, al was het maar omdat je anders geïsoleerd stond. Dat Remy hier miljarden aan zou verdienen vond hij terecht: deugdzame mensen horen te worden beloond voor hun harde werk, dat tenslotte enkel en alleen uit sociale overwegingen wordt verricht.

Voorzichtig zette hij zijn zwarte Prada op de stenen van het perron. Het voelde goed weer in zijn eigen vertrouwde wijk te zijn en hij snelde naar de stationsuitgang. Toen hij de reclamevitrines passeerde, tekende zich een grijns af op zijn gehavende gezicht. Overal ID4E-posters. Even stond hij stil voor het glas, maar al snel verving ergernis zijn geluk. De reflectie van zijn gezicht deed hem huiveren, hij kon er niets aan doen. Het verleden had zijn groeven en oneffenheden achtergelaten en was nimmer zijn vriend geweest. Gelukkig bedekte zijn lange zwarte jas zijn lichaam bijna geheel, wat hem een aangename anonimiteit verschafte. Hij haalde het rood-witte pakje tevoorschijn en bracht een sigaret naar zijn mond. Ook de deugdzamen hebben hun ondeugden. Het was zijn enige zwakte wist hij, en zelfs dat was discutabel daar roken bij uitstek een sociale bezigheid is.

'Meneer,' klonk het achter hem. Remy versteende. Het leek alsof ID4E verdwenen was en hij zich in een wereld van duisternis en een paar verdwaalde grijstinten bevond, waar de stem schel doorheen sneed. In een reflex keerde hij zich om. Tegenover hem stond een jongeman die met een verwachtingsvolle blik om een vuurtje vroeg. Remy probeerde zijn transpirerende hoofd te bedekken door zijn grauwgrijze lokken langs zijn voorhoofd te vegen en hield trillend de aansteker omhoog, iets mompelend over een niet-bestaande aandoening. Een lach van de knaap dwong Remy tot een onnatuurlijke beweging met de mond, die voor een wederkerige glimlach door moest gaan. Even was er oogcontact, maar het was genoeg, deze reis had al te lang geduurd. Bovendien vond hij het in het licht van zijn positie ongepast om met dit soort jeugdig uitschot conversaties te voeren. Het was moeilijk om beroemd te zijn, maar het hoorde bij de last van zijn levenstaak.

De tocht naar huis was er een van haat en woede. De wereld begreep niets van hem en dat maakte hem furieus. Was het nu werkelijk zo'n complexe opgave om in te zien wat er door hem heen ging? De begroeting van de veiligheidscomputer thuis was vluchtig maar geruststellend. Hij liep rechtstreeks naar zijn werkkamer. Het veiligheidssysteem diende ook als regulator van alle in huis aanwezige apparatuur, zodat de verlichting aansprong en zijn favoriete liedje door het vertrek schalde. Het was een van zijn vroegste uitvindingen en toen hij het concept voor het eerst ter sprake had gebracht, hadden zijn vrienden hem hartelijk uitgelachen. Ze hadden hem een 'materialistische *Kitschenaar*' en 'de fantastische componist van overbodige toekomstmuziek' genoemd.

Dat zelfvertrouwen zijn motor zou zijn en niet vriendschap was sindsdien duidelijk, iemand van vlees en bloed kon alleen instrument zijn. Dat gold ook de vrouw, die nog altijd uit was op interactie met haar man. Regelmatig verstoorde haar gezeur de serene atmosfeer in de werkplaats. Of er niet een msn-gesprekje met haar van af kon, waarom hij al zijn aandacht vestigde op de mannen en vrouwen van 'die site' en of ze weer eens het bed konden delen, net als vroeger, toen alles nog goed was. Maar waar was seks nu goed voor? Het bracht alleen maar ellende. Zij was de laatste die dat kon betwisten.

Ze was nimmer knap geweest, sterker, ze was lelijk, maar ze bood vreugde en geluk in een tijd dat hij nog vertrouwen had in de wereld en in vrouwen. Dat was inmiddels lang geleden. Ze zou een operatie cadeau krijgen die haar even aantrekkelijk zou maken als de vrouwen die op ID4E te vinden zijn had hij beloofd, maar voor het zo ver was had hij nog een paar andere missies te verrichten. Door haar de wortel van de plastische chirurgie voor te houden zou ze bij hem blijven en dat was vooralsnog noodzakelijk. Iemand in zijn positie moest zijn reputatie hoog houden, en een man zonder vrouw is verdacht, had hij gemerkt. Dat de ingreep haar geluk naar alle waarschijnlijkheid zou vergroten was van minder belang. Een vrouw als zij kon voldoende blijdschap ontlenen aan de wetenschap dat hij haar man was, vond hij.

Haar geklaag drong door tot de werkkamer maar bereikte hem niet. Hij had alleen oog voor de monitor. Op het scherm was een meisjeslichaam zichtbaar, een 3D-model opgebouwd uit pixels en texturen. Intens geluk overmande hem: hij stond oog in oog met zijn trots, zijn wonderkindje, zijn pareltje. Hij had haar karakter en voorkeuren geschapen naar zijn evenbeeld. Ze was alles wat hij zich bij de ideale dochter voorstelde. Een dergelijke applicatie zou hij niet meer op grote schaal kunnen realiseren, de sabel van de tijd bevond zich daarvoor te dicht bij zijn hals, maar dat deerde hem niet. Alleen het concept was al goddelijk. Hij had eerder identiteiten gecreëerd voor mensen die zichzelf te saai, te leeg of te lelijk vonden, en ook al waren die identiteiten aanzienlijk minder interessant dan deze prachtige dochter, niet één klant was ontevreden geweest. Mensen waren dusdanig oppervlakkig dat het eenvoudig was hen tevreden te stellen met een geringe hoeveelheid inhoud. Het was bovendien een lucratieve business om mensen zonder karakter een persoonlijkheid aan te smeren. Hij was waarlijk de Schepper van de Nieuwe Realiteit.

De vrouw kakelde door en even was er het besef dat erbarmen eigenlijk een teken van zwakte was. Een tweede ondeugd? Nee, hij bazelde, het was een goede beslissing geweest haar bij hem te houden, vergevingsgezindheid was immers nobel, en ook al had ze hem indertijd een vreselijke streek geleverd: ze had alles opgegeven om bij hem te zijn. Zelfs haar vermogen om te baren. Haar huidige loyaliteit was een overwinning voor hem. Ze had ingezien wat haar bestemming was en beseft dat de man die voor je zorgt de man is zonder wie je niet kunt. Was dat niet genoeg bewijs voor zijn goedheid?

Remy noemde haar Maria. Niet haar echte naam, maar de verwijzing naar de onbevlekt ontvangen maagd uit het bijbelboek misstond de lelijke vrouw geenszins. Ze had hem zijn eerste dochter afgenomen, de dochter waar hij zo naar verlangd had, zijn droom sinds jaar en dag. Jarenlang had hij de last van dat verlies gedragen, maar vier jaar geleden had hij een oplossing gevonden, een praktische oplossing die het mogelijk maakte om zelf te bepalen wanneer hij het probleem onder ogen kwam.

De wenteltrap naar de grimmige kelder afdalen was pijnlijk voor een gekwetst mannenhart. De steken deden hem verkrimpen. Waarom doet een mens iemand zoiets aan? Ze had ooit gezegd dat de laagst gelegen ruimte van het huis een kerker leek en hij moest dit beamen, maar gelukkig zou het niet lang meer duren. Hij wilde niemand verdriet doen, hij was een weldoener, miljoenen Nederlanders hadden dat bevestigd, dus hoe konden deze bittere gevoelens zijn gemoed kwetsen? De aanblik van het bed dat tegen de ID4E-server gekluisterd stond viel hem allesbehalve makkelijk. Er biggelde een traan over zijn ongeschoren wang. Alles wat hij had, al zijn lief en leed stak hij in deze twee diamantjes. De server, een groot brok ijzer gevuld met elektronisch maatwerk en het kind op het bed ernaast.

Hoewel het dikke haar prachtig lang was, werd het schouwspel verpest door de stof die het haar grijs kleurde. Door het gebrekkige licht waren de contouren van de kettingen die het mensje aan het bed bonden slechts vaag te zien; de onvrijwilligheid liet zich beter aflezen aan de houding van de tiener die voorovergebogen op het gammele eenpersoonsbed zat. ‘Ik ben vandaag de straat op gegaan, zoals je me gevraagd had,’ begon Remy, ‘maar het heeft mijn opvattingen niet veranderd, liefste. De wereld is toe aan verandering, ongeacht de consequenties die paradigmawisselingen met zich meebrengen.’ Het kind snikte zachtjes merkte hij, maar mensen troosten behoorde niet tot zijn kwaliteiten. Dat was geen ramp, er waren per slot van rekening wel meer vormen van menselijkheid die in deze hel niet gebezigd leken te worden.

De wereld was het hellevuur, maar wie eraan kon ontsnappen zou wakker worden in de hemel. ‘Het komt allemaal goed, liefste, vertrouw me.’ Zachtjes streelde Remy haar over het hoofd. ‘Morgen zul je papa’s dochter zijn.’

Het meisje in de motorsloep

Niels 't Hooft

Hij heeft haar zien binnenvaren, als laatste, maar zijn blik is afgedwaald. Vanaf de brug staat hij nu te kijken naar de trappen bij de sluis. De mensen bewegen zich traag. Er worden ijsjes gegeten, slokken genomen uit blauwe waterflesjes en een grietje van een jaar of vijf rent langs de kade. De zon brandt op zijn hoofd; hij knijpt zijn ogen tot streepjes.

Er is net een nieuwe lichting plezierbootjes gearriveerd. Ze kwamen uit de richting van de stadskern, dobberden tussen de sluisdeuren door en legden aan. Dikke vrouwen in bikini, soms een badhanddoek om hun middel, gingen aan de haal met aanleglijnen. De sluiswachter draaide de deuren dicht, liep naar de overkant en opende de schuiven. Het niveau in de sluiskolk begon te dalen. Naast het gezoem van de zomer klinkt nu het bruisen en schuimen van water in gevecht met de zwaartekracht.

Zijn oog valt weer op de motorsloep achterin: oranje romp, dikke buitenboordmotor. Het bootje is leeg, op de bestuurder na, een donkerharig meisje in een korte rok. Hij weet niet precies waarom, ze is te ver weg om te kunnen oordelen over haar schoonheid, maar dit keer lukt het niet om weg te kijken. En naarmate zijn blik langer op haar blijft hangen, bekruipt hem steeds meer het gevoel dat zij ook naar hem kijkt. Hij volgt de lijn van haar silhouet: lang, steil haar, geaccentueerd door een flinterdun randje zonlicht, naakte schouders en armen, haar shirtje vanaf zijn positie niet meer dan een witte vlek. Wie is dat meisje? Hoe oud zou ze zijn? Wat dreef haar ertoe in haar eentje door de grachten te kruisen?

Inmiddels weet hij zéker dat ze naar hem kijkt. En meer dan dat. Ze leest ook zijn gedachten. Ze wéét dingen over hem. Hij vraagt zich af wat ze vindt van wat ze ziet. Van wat ze weet. Als zij niet meer is dan een serie vlekken, wat is hij dan voor haar? Een dot donkergrijs, met daarop een wolkje donkerblond? Ziet ze vanaf daar zijn springerige krullen?

Dan verandert er iets. Hij moet zichzelf optakelen uit diepe gedachten voordat hij beseft dat ze naar hem zwaait. Vervolgens dringt ook het geluid tot hem door: een rinkelende bel. Hij kijkt om zich heen; de brug is leeg, de slagbomen zijn dicht en voor zijn neus openen zich de sluisdeuren. Ineens komt de brug in beweging. Hij wankelt, zet een stap opzij, versnelt zijn pas en begeeft zich naar de slagbomen. De sluiswachter werpt hem een boze blik toe; de man drukt zijn handen tegen elkaar en houdt ze schuin naast zijn gekantelde hoofd. Het internationale slaapsymbool. Hij haalt zijn schouders op, duikt met een elegante beweging onder de slagbomen door en loopt naar de trappen, de menigte in.

Bijna alle plezierbootjes zijn de sluis uit, maar het meisje in de motorsloep is nog met de trossen in de weer. Als ze ziet dat hij weer naar haar kijkt, gebaart ze hem te komen. Hij loopt naar haar toe en vraagt zich af of ze echt is, of meisjes zoals zij bestaan. Maar als hij seconden later naast haar staat, is ze stoffelijk als boekenkasten of sinaasappelsap.

'Kun jij dit losmaken?' Ze wijst naar de touwen. 'Ik heb het iets te goed vastgemaakt, geloof ik.'Een moment lang kijken ze elkaar in de ogen, zonder te knipperen. Haar huid is lichtbruin, haar irissen zo helblauw als de wolkenloze hemel. Dan bespeurt hij een overtollig klontje mascara aan een wimper boven haar linkeroog; haar gezichtsuitdrukking is serieus, tot een van haar mondhoeken omhoogkruipt en er een flauwe glimlach ontstaat.

Ze zegt: 'Echt goed ben ik hier niet in. Ik doe het puur voor mijn plezier.'

Hij bukt en inspecteert de warboel van lijnen aan zijn voeten. Ze heeft er twee knopen in getrokken; hij probeert ze los te plukken, maar ze zitten zo strak dat hij voor zich ziet hoe fel ze eraan heeft gerukt.

Van boven hem klinkt het: 'Je hebt bij mijn broer in de klas gezeten. Onze hobby's komen overeen. Je houdt van pastasalades, niet van slagroomtaart. Je vond de nieuwe plaat van Bright Eyes ook een beetje tegenvallen.'

Hij kijkt omhoog en knikt, zet zijn tanden op elkaar en trekt de eerste knoop los. Er begint hem iets te dagen. 'Dat is één,' zegt hij.

Het zijn de eerste woorden die hij uitspreekt in haar nabijheid, wat haar opvalt, want ze zegt: 'Mooie openingszin, "Dat is één."'

'Het is geen openingszin als de ander het gesprek is begonnen.'

Ze duwt een zwarte pluk haar achter haar oor. 'Mijn openingszin was in elk geval prima. Vond je niet? Ik bedoel, "Kun jij dit losmaken?" is een praktische vraag. Stukken beter dan een of andere gekunstelde opmerking. Een opmerking-omdat-het-moet. Zulk geneuzel vind ik meer iets voor mannen.'

'Maar is het een openingszin als je al zoveel over iemand weet?'

Ze verstaat hem niet. 'Wat zeg je?'

Hij heeft nu ook de tweede knoop losgehaald, biedt haar de lijnen aan en zegt, extra duidelijk: 'Dat wist je.'

'Wat?'

'Dat ik bekend sta om mijn gemompel.'

Ze lacht en gebiedt hem in te stappen; het bootje wankelt als hij zijn voet op het metaal zet. Hij brengt zichzelf in evenwicht en gaat zitten, zijn rug naar haar toe. De dieselmotor begint te pruttelen zodra ze aan het startkoord trekt. Op zijn horloge ziet hij dat het half twee is; de dag is op zijn warmst en duurt nog lang. Samen varen ze de sluis uit en als hij op het laatst omhoog kijkt, ziet hij dat de sluiswachter nog steeds boos op hem is. De andere bootjes zijn al uit het zicht verdwenen.

Door hun snelheid ontstaat een lichte bries, die voor verkwikking zorgt. Hij zwijgt en kijkt naar de golfjes, die een voor een tegen de boeg klappen, en naar het zonlicht, dat in stukken breekt en terugkaatst. Samen genereren ze een dynamisch landschap van kristalachtige vormen. In de verte ziet hij twee eenden, daarachter de kade, daar weer achter pakhuizen uit andere tijden. Hij sluit zijn ogen en ademt diep in door zijn neus.'Waar denk je aan?' vraagt ze na een minuut of drie, vier.

Hij draait zich om en neemt haar in zich op. Haar donkere lokken, in laagjes geknipt, wapperen in de wind. Met haar ene hand bedient ze de motor, die ook fungeert als roer; haar rok waait steeds een beetje omhoog, maar met haar andere hand zorgt ze dat er niets te zien valt.

Luid, om boven de motor uit te komen, zegt hij: 'Helemaal nergens aan.'

Ze heeft haar kin opgeheven en kijkt trots om zich heen; zogenaamd om het waterverkeer in de gaten te houden ontwijkt ze zijn blik als ze zegt: 'Wil je niet weten waar we naartoe gaan?'

Hij schudt zijn hoofd. 'Ik merk het wel.'

'Snel genoeg,' knikt ze. 'We zijn er al.'

Hij draait zich terug. Recht voor hem is een eiland opgedoemd. Hij schrikt er een beetje van. Het is een meter of vijf breed, met een paar bomen, hoog gras en struikgewas, en wordt omringd door riet en lisdodden, in de luwte van hangende treurwilgtakken. Ze mindert vaart.

'Sinds wanneer is hier een eiland?' vraagt hij.

'Sinds mensenheugenis? Al zo lang ik het me kan herinneren.'

'Ik heb hier nooit eerder een eiland gezien.'

'Vanuit een nieuw perspectief kijk je anders tegen dingen aan. Je zit vlak boven de waterspiegel en ziet ineens wat je eerder over het hoofd hebt gezien. Terwijl je je hier hoogstens een meter lager bevindt dan aan wal.'

'Het voelt alsof er iets niet klopt,' zegt hij.

'Toch is het echt. Ik kwam hier vroeger al. Mijn broer had een gele opblaasboot en soms roeide hij me hiernaartoe. We verzonnen van alles: piraten, zeeslagen, een achtste zee, met hele archipels aan eilanden, vol schatten en standbeelden met grote neuzen. En dan gingen we varen. Hierheen bijvoorbeeld. We konden zo een dag verdwijnen. Maar voor het eten waren we altijd weer thuis. Er waren toen nog niet zoveel plezierbootjes als nu, dus het was minder gevaarlijk.'

'Hoe gaat het met je broer?'

'Die wil niet meer met me roeien. Hij wil alleen nog maar naar de moskee. Vijf keer per dag bidden en zo. Met onze moeder heeft hij alle contact verbroken, alleen maar omdat ze Nederlands is.'

'Heftig.'

Ze knikt. 'Je begrijpt dat hij mijn levensstijl afkeurt. Gelukkig spreek ik hem af en toe nog wel eens, al is dat niet echt van harte.'

'Wat is dat dan voor levensstijl?'

'Eentje waarbij ik relatief onbekende mannen zomaar in mijn bootje laat stappen.'

'Spreekwoordelijk?'

Ze zet grote ogen op. 'Pardon?'

Dan stopt ze de motor, die hortend afslaat. Hij houdt de takken uit elkaar als de motorsloep onder de treurwilg door drijft; met een klap raakt de boot de kant. Hij pakt een aanleglijn en springt tussen het riet.

'Bind maar aan een boom,' zegt ze. Dat doet hij.

Onder haar bank haalt ze een handtas vandaan. Ze ritst hem open, pakt er een etui uit en legt het op haar schoot. Met twee vingers van haar ene hand houdt ze een oog open en met twee vingers van haar andere hand vist ze er een dikke contactlens uit. Gekleefd op de top van haar wijsvinger houdt ze hem tegen het licht. Als hij goed kijkt ziet hij een vage hint van draadmodellen en teksten, door kleine lasereenheden aan de rand, glimmende knopjes, geprojecteerd in het midden van de concave vorm. Ze opent het etuitje, stopt de contactlens weg en vist uit haar andere oog een soortgelijke lens.

'Dat je ze nog draagt,' zegt hij.

'Ik vind het handig om te weten wie ik voor me heb.'

'Ook bij de sluis, met al die mensen? Ik heb het wel eens geprobeerd, maar mijn ogen traanden ervan. En ik werd gek van alle informatie. Het was gewoon te veel.'

'Je went eraan. Bovendien ga ik nooit van huis zonder de filters te syncen. Dan valt het wel mee met de hoeveelheid. Er was vandaag maar één iemand die aan de criteria voldeed.'

Hij wijst naar zichzelf.

Ze knikt. 'Ontnuchterend wel.'

'Wat?'

'Die technologie. Je komt er achter dat niemand perfect is.'

'Wat bedoel je?'

'Dat jij, met jouw uiterlijk, toch de juiste voor mij bent.'

Even blijft ze in het bootje zitten, blijft hij aan de oever staan en spreken ze geen van beiden. Hij veegt wat zweet van zijn voorhoofd en haalt een hand door zijn haar. Zijn blik gaat van haar kleine voeten, in teenslippers, via haar gladde benen en haar hemdje, gedomineerd door twee volle borsten, naar haar gezicht, dat hem met een onderdrukte glimlach onderzoekend aankijkt. De kade ligt hoogstens twintig meter verder, maar hij hoort niets van het verkeer; alleen het klotsen van het water dringt tot hem door.

'En nu?' vraagt hij.

'Ik dacht dat je dat "wel zou merken".'

'Zolang het plan zich ontrolt, volg ik gehoorzaam.'

'Als wat zich ontrolt?'

Hij zegt, duidelijk articulerend: 'Ik kan alleen maar volgen als jij leidt.'

Ze zucht diep en maakt aanstalten om uit te stappen; hij steekt zijn hand uit, die ze vastpakt, en zo raken ze elkaar voor het eerst aan. Op het moment dat hun vingertoppen elkaar treffen, meent hij een kleine elektrische ontlading te voelen; zij loopt verder en trekt hem mee. Hij volgt haar naar het hart van het eiland, een open plek, omcirkeld en overkoepeld door bomen; zonlicht valt in bundels op het dorre gras. Daar knielt ze, naast hem; ze laat zijn hand los. Een serene rust op haar gezicht. Uit haar tas haalt ze een dunne doek, die ze uitspreidt op de grond. Ze strijkt hem glad en laat haar knieën op de rand zakken.

Hij spitst zijn oren, maar geen enkele geluidsgolf bereikt hem daar. Heel even is het alsof het gras, de struiken en de bomen knipperen. Alsof het kleed gedurende een fractie van een seconde stil hangt boven niets dan geruisloos kabbelend grachtenwater. Toch is het eiland echt. Ze sluit haar ogen en begint zich langzaam uit te kleden. Eerst opent ze de rits aan de zijkant van haar rok. Dan trekt ze behendig het hemdje over haar hoofd. Opnieuw lukt het hem niet om zijn ogen van haar af te houden, maar dit keer begrijpt hij waarom.

Protheose

Sam Gerrits

Ze is niet de mooiste vrouw op deze aarde. Ze is klein en mager, haar lichaam heeft iets knaagdierachtigs. Haar bleke gezicht vol grote sproeten en haar weerbarstige haar deden me meteen denken aan mijn moeder. Haar met van die kleine krulletjes die je er eigenlijk alleen uit krijgt met een steiltang. Ik weet iets van steiltangen. Ik durf te zeggen meer dan de meeste mannen. Ik kan de vorm ervan dromen.

Je zou kunnen zeggen dat ik industrieel ontwerper ben. Autodidact, zoals dat heet. Ik maak kartonnen mallen voor consumentenproducten. Ik had net die week de pasvormen afgemaakt voor mijn nieuwste project, de YourHome Hairrelaxer 3000. Dus niet de doos, hè. Een doos is een simpel te vouwen rechthoekig stuk karton met een ontwerp erop van een stel slimme jongens, zodat je als je langs de schappen met steiltangen loopt, als vanzelf bij de doos van YourHome pauzeert en niet bij die van Braun, Philips of Candy. En dat gaat steeds beter. Niet alleen omdat YourHome een concurrerende prijs biedt; onze reclamejongens hadden een ingeving – twee ronde, gele stickers, eentje met 'Vernieuwd' erop en een andere met 'Veel Extra's', zo op de doos geplakt dat er, in combinatie met het ovaal waarin de foto van het product staat, de suggestie van een glimlachend gezicht met wijd uiteenstaande ogen gewekt wordt. Dicht bij elkaar staande ogen stoten af, maar wijd uiteenstaande, denk aan baby's en denk aan Pokémon, werken altijd. Potentiële koopsters ervaren onze dozen onbewust als sympathiek. Et voilà, de YourHome-producten gaan hard.

Haar ogen stonden op de normale plek in haar gezicht. Ze waren groot en grijs, eerder bijzonder dan mooi. Ze deden me denken aan reeënogen: schuchter en altijd bedacht op gevaar. Mijn tafeltje was het enige dat nog vrije stoelen had. Ze kwam schoorvoetend bij me staan met een glas witte wijn in haar hand. Ze vroeg of ze erbij mocht komen zitten. Ik knikte en probeerde te glimlachen. Ik voelde dat ik achter mijn baard een kleur als een boei kreeg. Ik gebaarde naar de stoel links van me, die ik net uit mijn kelderkantoor had meegenomen. De buigzame plastic zitting ervan is behoorlijk oud en door veelvuldig gebruik en, hoewel misschien minder smakelijk om te weten, door de inwerking van menselijk zweet in het zitplastic, minder hard.

Ze ging voorzichtig zitten. Ik gaf haar een hand en stelde me voor. Ze glimlachte en zei dat ze Marga heette. Daarna kuchte ze en begon demonstratief om zich heen te kijken. Het leek erop dat ze haar best deed om mijn aanwezigheid te vergeten en dat kwetste me. Tot ik ontdekte dat ze wegkeek omdat ook haar het bloed naar het gelaat gestegen was. Ze was rood tot achter haar oren. Ik voelde me minder ongemakkelijk en ik merkte dat ik ontspande. Hier zat iemand met dezelfde handicap als ik.

Ik bestudeerde haar profiel: ze had een spitse kin en haar wipneus gaf haar gezicht iets vrolijks. Ik schatte haar midden dertig, iets jonger dan mijzelf. Ik vroeg me af of ze wel lekker zat, ik vermoedde dat ze net als ik door haar bouw een mager, bottig zitvlak had. Ik zag voor mijn geestesoog haar dunne sproetige billen van vorm veranderen om aan de zitting van de stoel te accommoderen, en hoe ze gestopt werden door te ver uitstekende bekkenbeenderen. Had ik mijn jas bij de hand gehad, dan had ik hem waarschijnlijk aan haar aangeboden om op te zitten. Maar mijn jas hing aan een kapstok een gang verderop en dat was misschien maar goed ook. Mijn gebaar had haar waarschijnlijk verbaasd. Vrijpostig, al bedoelde ik het niet zo.

Ervaring heeft me geleerd voorzichtig te zijn bij vrouwen. Voor ik het weet praat ik met consumptie en gaan er glazen om. Mijn contemplatie van haar billen had overigens niets pornografisch. Ik ben beroepsmatig geïnteresseerd in vormen en hoe ze in elkaar passen. Als er een nieuw product op mijn bureau ligt, met een post-it van de baas op documentatie dat het zus moet of zo, schuif ik de papierwinkel altijd eerst opzij. Ik neem een nieuw ontwerp als het even kan altijd eerst op schoot. En dan sluit ik mijn ogen, negeer het snoer en de knoppen en tast langzaam, centimeter voor centimeter, de koele kunststof af tot ik elk detail van de vorm letterlijk voor me zie. Ik weet meestal direct welke geïnverteerde vorm er bij een ontwerp past: wat het nodig heeft om veilig getransporteerd te worden.

Ik neem natuurlijk uiteindelijk de maten met een digitale schuifmaat die direct inleest in mijn CAD-programma, maar ik zou de vorm ook zo uit de losse pols kunnen inkloppen in onze programmeerbare kartonpers. Oefening baart kunst. Mijn muziekleraar zei dat vroeger altijd. Ik heb jarenlang niets van zijn lessen gebakken maar ik weet nu dat hij gelijk had. Over een maand of drie werk ik vijftien jaar voor dit bedrijf en ik heb passtukken gemaakt voor werkelijk alle producten die je kunt bedenken. Ik ben pas tevreden als ik zelf heb gezien dat ze absoluut rammelvrij in hun dozen zitten en zonder beschadigingen bij de mensen thuis aankomen, het is nestmateriaal. Föhns, krultangen, staafmixers, scheerapparaten, ik ken ze allemaal intiem. Ik droom in mallen.

Toen ze merkte dat ik geen moeilijke vragen stelde of al te kwieke glimlachjes produceerde, toen ze voelde dat ik gewoon rustig op mijn stoel bleef zitten, draaide haar lichaam beetje bij beetje mijn kant op. Ik poetste mijn brillenglazen met de zoom van mijn T-shirt, deels omdat ze beslagen waren en deels omdat de aandacht verleggen altijd goed werkt bij mijn kat – dan komt ze vanzelf dichterbij. We raakten woordje voor woordje aan de praat en er gebeurde een klein wonder.

Ik zie het zelf zo: tussen mij en de mensen om mij heen, zeker als ik ze niet ken en voornamelijk bij vrouwen, zit een glazen schuifdeur. Ik ben inmiddels zover dat ik weet dat ik het glas niet moet breken, maar het opzij schuiven zonder iets te forceren lukt me zelden. Ik vertel graag over mijn ambacht maar ik merk dat mensen de schoonheid ervan moeilijk zien. Ging ik vroeger vaak door met gebaren en praten terwijl het glas al mistig werd, de laatste tijd luister ik meer. Ik vroeg Marga wat ze deed en o wonder, ze bleek een collega. Maar zij is écht industrieel ontwerpster en dat niet alleen: ze kende mijn werk! Haar ogen begonnen zacht te glanzen toen ze vertelde dat ze mijn binnenmallen er regelmatig bij pakt om inspiratie op te doen voor een nieuw ontwerp. Dat haar handen vaak goedkeurend langs de contouren van mijn werk glijden. Mijn oplossing voor de stang van haar stofzuigerontwerp had haar oprecht verbaasd. Ze was van plan geweest om me een mailtje erover te sturen, maar je weet hoe dat gaat... Ja, ik wist hoe dat gaat. In een roes stond ik op om een vers drankje voor ons te halen.

Ik stond witte wijn in te schenken toen ik 'Zohooo, menneke... Beet?' hoorde. Het was Merel, de struise blondine van sales. Merel hing breed grijnzend en behoorlijk dronken om de nek van de baas. Ik grijnsde dom terug en stak mijn duimen op, meer werd er niet van mij verwacht. Ik liep terug met twee volle glazen en negeerde het gegniffel van mijn collega's. Nog een glas verder gebeurde een tweede wonder. Marga keek me diep in mijn ogen en vroeg half fluisterend of we niet samen de receptie konden ontvluchten. Gelukkig was ik met de fiets die dag. We slopen weg en ik bracht haar achterop, met een spinnend wolkenhoofd, naar een kroeg waar Merel vaak komt.

We wisten allebei precies wat we deden. We dronken om onze huid te prepareren voor vreemde handen, om onze stramme lichamen te helpen met versmelten. Toen ze naar het toilet was zag ik dat er boven ons tafeltje een emaillen reclamebord hing van een biermerk. Het onderschrift was: 'Helping ugly people have sex since 1884'. Ik glimlachte erom als een bebaarde boeddha. Merel kon giechelen wat ze wilde, zij had geen idee hoe bijzonder deze nacht voor mij was. Voor het eerst in jaren kon ik mijn harde schijf vol digitale vrouwenvormen in zijn dock laten. Ik bedankte mezelf voor het verversen van de doos condooms onder in het nachtkastje, ieder jaar weer, en voor het verschonen van mijn lakens die week.

Onze vrijpartij was niet helemaal wat we ervan gehoopt hadden. Misschien hadden we er te veel van verwacht. We hadden allebei meer gedronken dan goed voor ons was en toen we net goed en wel bezig waren, werd ze niet lekker. Zij zat op dat moment boven. Haar magere lijf, met kleine puntige borstjes als van een tienermeisje, kwam me in mijn roes mooier voor dan dat van Merel. Ik vond dat zelfs nog nadat ze begon te trillen en nadat er een golf alcoholhoudende drankjes uit haar maag over mijn naakte lichaam en het bed was gespoeld. Toen ze ontdekte wat ze had gedaan begon ze te huilen. En daarna ging ze out. Ik legde haar voorzichtig neer op een schoon stuk bed en begon eerst mijzelf en vervolgens haar en het bed te verschonen. En al die tijd bewoog ze zelfs geen ooglid.

Ik kon de slaap niet vatten. Ik zette mijn computer aan en wijdde me nog een paar uurtjes aan mijn hobby. Daarna kroop ik tegen haar aan onder de schone lakens. Ik omarmde haar sproetenlijfje en viel in slaap.

Vanmorgen was ze weg. Zonder adres, zonder afscheidsbriefje – niets. Ik heb haar via haar werk een mailtje gestuurd maar ze heeft nog niet geantwoord. Ik ben er wel verdrietig om, maar ik dacht het ook al haast. Wij samen... sommige dingen zijn gewoon te mooi om waar te zijn. Ik verdiep me al enige jaren in de filosofie, veel ervan gaat me boven mijn pet maar over sommige zaken heb ik wel degelijk een mening. Ken je de regel 'these, antithese – synthese'? Ik heb het gevoel dat hij niet klopt. In mijn leven geldt meestal: 'these, antithese – prothese'.

Maar vandaag heb ik daar vrede mee. Want ik heb iets van haar. In de uren dat Marga buiten westen in mijn huis lag heb ik haar precieze maten genomen, met de oude computer van mijn werk en een ouderwetse digitale schuifmaat. De dimensies van haar rondingen vonden binnen fracties van een seconde hun weg door de glasvezelkabels van het nutsbedrijf, van mijn bed via mijn schuifmaat dwars door muren en onder straten door naar mijn werkkelder. Ik heb vandaag vriendelijk geglimlacht naar Merel en naar iedereen en ik heb hard gewerkt, wachtend totdat ze naar huis zouden gaan. Pas toen ik zeker wist dat ik alleen was heb ik het bestand met Marga's maten tevoorschijn gehaald en uitgeprint. Ik heb haar handmatig ingeprogrammeerd in de kartonpers. Ik had de gegevens natuurlijk makkelijk digitaal kunnen laten inlezen, maar ik wilde zelf de geleider zijn: Marga's maten moesten door mijn lichaam reizen als over een stuk spoorrails, als door een pvc-buis, want in alles, overal is de plastic logica van liefde, overal ingangen en uitgangen, fiberglasvezels en andere zenuwvezels, ik wilde zelf de contouren van haar huid overzetten, met mijn lippen haar vorm leven inblazen, een zoete stroom: liefde.

Ik heb meer dan twee uur lang getallen in zitten tikken, mijn polsen doen pijn en voelen koud aan, een klein offer voor deze vrouw. En nu heb ik in mijn bezit: twee mallen, eentje voor vóór en eentje voor achter. Inlegstukken voor in een langwerpige doos, waar de contouren van Marga's lichaam liefdevol in zijn geperst. Ik heb er werk van gemaakt: alles, tot aan de vorm van haar lippen en haar oogleden, zelfs de coördinaten van haar oorlellen heb ik ingetypt. De machine trok zoveel detail maar net.

Ze is niet de mooiste vrouw op deze aarde, maar ze is het mooiste dat ooit uit mijn handen is gekomen. Ik moet alleen even wachten tot de schoonmaaksters boven klaar zijn. Als de echo van de piepende wieltjes van schoonmaaktrolleys in de gangen uitgestorven is, sluit ik de boel hier af, laad ik Marga's gestalte in mijn Opel Vectra en ga ik naar huis.

Sem en Soof

Jonathan van het Reve

'Het is wel een beetje een wijvenfilm,' zegt Sophie.

Ze is aan het koken. Sem zit aan de keukentafel en leest de krant.

'O, maar ik houd wel van wijven, hoor,' zegt hij.

'Ja dat weet ik,' zegt Sophie. 'Maar ik heb je dinsdag ook al meegesleept naar dat interieurding, dus nu ben jij weer aan de beurt om te kiezen, toch?' Ze draait zich om naar Sem. Ze heeft een schort voor.

Sem leest verder. 'Ik zeg toch dat ik het niet erg vind?' zegt hij. 'Gaan we volgende keer wel weer een mannending doen.'

'Wat dan?' vraagt Sophie. Ze staat nog steeds naar de tafel toegedraaid.

Sem kijkt op. 'Weet ik veel,' zegt hij. 'Karten of zo.'

'Wil je karten?' vraagt zij. 'We kunnen vanavond nog karten misschien.'

'Nee natuurlijk wil ik niet karten,' zegt hij. 'Wil jij graag karten?'

'Nee.'

Hij slaat een pagina om.

Sophie raspt kaas over de ovenschotel. 'Is er niet een andere film?' vraagt ze. 'Eentje die we allebei leuk vinden? Ik wil best naar James Bond, hoor.'

'Dat is lief,' zegt Sem. 'Zal ik even kijken dan?' Hij bladert door de krant. Sophie stopt de gratin in de oven en doet haar schort af.

'Zo,' zegt ze. Ze haalt de witte wijn uit de ijskast en gaat naast Sem zitten. ‘Mag ik ook een stukje krant?’ vraagt ze.

‘Ja één seconde lieverd,’ zegt hij. ‘Ik dacht dat je wilde dat ik naar de filmladder keek.’

‘Die zit niet in deze krant. Maar ik weet het eigenlijk al: James Bond is de enige normale andere film. Wil ik best heen, hoor. Geef de wetenschap maar.’

Sophie schenkt hun glazen bij. Sem worstelt nog steeds met de krant.

‘Ik denk niet dat jij James Bond leuk zult vinden,’ zegt hij. ‘Het is echt alleen maar geweld en bloed en herrie. Ik weet niet eens of ik er wel zelf naartoe wil. En als ik ga, dan ga ik wel met Daan of Thomas. – Hier, alsjeblieft.’ Hij geeft haar de wetenschapsbijlage.

‘Vind je het echt niet erg?’ vraagt ze.

‘*Seven Singles*? Nee hoor. Dat overleef ik wel. Ik vind hoe-heet-ze altijd wel goed, met dat rode haar. En die recensie was ook wel positief, toch?’

‘Ja. Maar ik ga het je toch niet aandoen, denk ik.’

Sem slaat zijn krant dicht. Sophie slaat een bladzijde om en leest.

‘Aandoen?’ zegt hij. ‘Ik zeg toch dat ik het niet erg vind? We gaan gewoon lekker naar *Seven Singles*, hoor. Goed?’

‘Maar Sem, ik weet al hoe dat gaat: jij gaat mee, heel opgewekt, en als de film begint, dan ga je zuchten en op het verkeerde moment grinniken.’

‘Wel als hij heel slecht is, ja. Maar dan vind jij hem toch ook slecht? Dan lopen we toch gewoon weg?’

Sophie slaat haar krant ook dicht. Ze denkt even na.

‘Als hij slecht is,’ zegt ze, ‘dan kan ik dat hebben. Dan kan ik er toch van genieten. Af en toe geniet ik van een slechte film. Soms heb ik zelfs *behoefte* aan een slechte film. Maar ik kan er niet van genieten als jij naast me zit te zuchten.’

‘Hoezo heb je af en toe behoefte aan een slechte film? Wat betekent dat? Heb je ook af en toe behoefte aan slechte muziek?’

'Ja, soms zet ik keihard punk op, tijdens het stofzuigen. Dat is ook vrij slecht, maar toch kan ik ernaar verlangen.'

Sem zucht. Sophie staat op.

'Maar dan vind je die punk toch mooi?' zegt hij. 'Die is dan toch niet slecht? Bovendien, wat jij opzet is helemaal geen echte punk. Dat zijn gewoon echte liedjes die een beetje hard worden gespeeld.'

'Soms heb ik gewoon behoefte aan iets slechts, mag dat? Jij wilt toch ook wel eens een kroket of een hamburger?'

'Ja – iets eenvoudigs wil ik soms. Maar als mijn kroket niet goed is, te zout bijvoorbeeld, of nog bevroren van binnen, dan eet ik hem toch niet? Dan zeg ik niet: ha fijn! Slecht eten.'

Sophie kijkt in de oven. Sem schenkt nog een beetje wijn in.

'Maar Soof, deze film is echt niet slecht volgens mij,' zegt hij. 'Echt niet. Laten we er lekker heen gaan. Ja?'

Ze draait aan een knopje van de oven. 'Weet je waar ik geen zin in heb?' zegt ze. 'Ik heb geen zin om me schuldig te voelen. Ik wil niet dat ik jou meesleur naar iets stoms, en dat jij mij dan op die manier een plezier doet.'

'Jezus Soof, wat is dat toch altijd? Waarom mag ik jou toch nooit een plezier doen? Dat is mijn favo bezigheid! Ik word er zelf ook blij van! Mag dat niet of zo? Als je mij de kans geeft om iets voor jou te doen, dan doe je mij in feite ook een plezier.'

'Deze discussie hebben we al vaker gevoerd,' zegt ze.

'Ja,' zegt Sem. 'Dat is waar. Maar eigenlijk is die nu helemaal niet van toepassing, want ik wil écht graag naar die film toe.'

'Dat geloof ik niet.' Sophie gaat schuin tegenover hem zitten. Ze neemt een slokje wijn.

'Ja hallo,' zegt hij. 'Wat wil je nou? Nu mag ik dus niet met jou naar die film, omdat jij denkt dat ik lieg als ik zeg dat ik hem wil zien.'

'Daar komt het een beetje op neer ja. Maar je vertelt het

alsof het heel raar is en dat is het niet. Het is gewoon een wijvenfilm, duidelijk, zonder twijfel, en ik hoef nu even geen gunst van je. Andere keer weer.'

'Ik vind het nogal wat Soof, dat je gewoon zegt dat ik lieg.'

'Om bestwil Sem, dus zo erg is het niet.'

'Maar is er niks wat ik kan doen zodat jij gelooft wat ik zeg?'

Sophie buigt zich een beetje naar hem toe en kijkt hem strak aan. 'Nee,' zegt ze. 'Maar weet je wat we doen?'

'Nee.'

'We pakken de scanner. Dan zullen we nog wel eens zien waar jij zin in hebt.'

Sem fronst zijn wenkbrauwen. 'De scanner? Die hebben we toch niet meer?'

'Nou reken maar dat we die nog hebben. Zal ik hem pakken?'

'Nee,' zegt Sem. 'Waarom in godsnaam? Het werkt voor geen meter en het is ongezond.'

'Dat valt best mee,' zegt Sophie. 'Eén keer scannen is twee sigaretten.'

'Qua kankerkans, ja. Maar wat het verder allemaal doet... Ze worden niet meer verkocht, dat is niet voor niks.'

'Sigaretten ook niet,' zegt ze. 'Kom op nou.' Ze staat op, loopt om de tafel heen en gaat achter hem staan. Ze slaat haar armen om zijn nek.

'Weet jij dan nog waar hij ligt?' vraagt hij.

'Ja, volgens mij wel. Wacht maar.' Sophie loopt de keuken uit en rent de trap op. Sem pakt de wetenschapsbijlage. Hij hoort haar voetstappen boven zijn hoofd. Er gaat een lade open en dicht. Ze komt de trap weer af.

'Dat is snel,' zegt Sem.

'Ik wist nog waar hij lag.'

'Ja, in je nachtkastje.'

Sophie trekt haar wenkbrauwen op. 'Hoe weet jij dat nou weer?'

‘Ik hoor je voetstappen toch?’

‘O ja.’ Ze gaat tegenover hem zitten en zet het kastje tussen hen in op tafel. Sem slaat de krant dicht en zet de plastic ring op zijn hoofd. Sophie zet de scanner aan. Het schermpje wordt langzaam licht en het apparaat zoemt zachtjes.

‘Wat een wonder dat die accu niet leeg is,’ zegt Sem. ‘Hoe lang geleden hebben we dat ding wel niet weggestopt?’

‘Vijf jaar, denk ik,’ zegt Sophie. ‘Goeie batterij. Hoe werkt dit ook alweer?’ Ze danst met haar vingers over het scherm.

‘Jeetje, je gaat anders vrij snel door die menuutjes...’ zegt Sem. ‘Ik herken ook wel dingen, maar... Ja, stop. Je bent er geloof ik al. Nu Start scan.’

Sophie drukt op de startknop en zet de bril op.

‘Zie je al iets?’ vraagt Sem.

‘Ja. Denk eens aan die film? Wil je daar graag naartoe?’

‘*Seven Singles*,’ zegt hij. ‘Mmmmm. Goeie recensies... Mooie dames...’

‘Nu zie ik inderdaad iets ronds en groens,’ zegt Sophie. ‘Redelijk stabiel. En geen rood of oranje.’

‘Geen leugens of kwade opzet in mijn hoofd, zie je wel? En wat is twijfel?’

‘Geel.’

‘Dus ook geen twijfel. Nou!’

‘Ja ja, maar ga eens verder met piekeren? Denk maar eens: wijvenfilm, romantische komedie, bejaarde moeders met middelbare dochters, gegiechel en gekir in de zaal...’

‘Zeg lieverd,’ zegt Sem. Hij zet de scanner van zijn hoofd. ‘Wil je zelf eigenlijk wel naar die film? Want volgens mij wil je mij zogenaamd mijn zin geven door niet naar *Seven Singles* te gaan, maar heb je zelf ondertussen ook helemaal geen zin in die film. Geef mij die bril eens.’ Hij strekt zijn hand uit.

'Ach, wat een gelul,' zegt Sophie. Ze maakt een afwerende beweging.

'Nee, kom op,' zegt Sem. 'Niet zo kinderachtig.' Hij grijpt de bril en zet Sophie de scanner op. 'Wat moet ik nu doen?' zegt hij. Hij kijkt naar het kastje.

'*Jij* wilt er toch zo graag mee spelen?' zegt zij. 'Zoek het ook maar uit dan.'

Sem drukt een paar keer op het scherm. 'Shit, waar ben ik nu. Wat is dit allemaal... hallo! Saved files? Wat een lijsten zeg, moet je zien! En een grafiek... We hebben dat ding toch helemaal niet zo vaak gebruikt?'

'Ach, weet ik veel,' zegt Sophie. 'Laat mij maar eventjes.' Ze probeert het kastje te pakken, maar Sem houdt het vast.

'Die data zijn allemaal van dit jaar,' zegt hij. 'Godverdegodver zeg. Sophie?'

'Ja?'

'Scan jij jezelf?'

'Soms.' Sophie kijkt naar de tafel.

Sem staat op. 'Waarom? Het is heel erg ongezond!'

'Gewoon.'

'Maar je weet toch zelf wel wat je denkt? Ik bedoel: dat ik nooit iets van je begrijp is logisch, dat heb ik altijd geweten aan jouw vrouw-zijn en mijn man-zijn. Maar wat begrijp *jij* niet van jezelf?'

'Weet ik niet. Ik gebruik mijzelf wel eens om te oefenen.'

'Om wat te oefenen?'

'Scans interpreteren. Gewoon, als ijkpunt.'

'Voor...?'

'Jou.'

'Voor mij? Jij scant mij ook? Nee toch? Wanneer? 's Nachts dus. Als ik slaap zet je dat ding op mijn kop?' Zijn stem wordt een beetje hoger. Hij gaat weer zitten. Sophie zegt niks. 'Ja dus. Godverdegodver. Jezus. Hoezo in godsnaam, kleine gek?'

'Niet elke nacht,' zegt Sophie.

'Nee, niet als jij eerder slaapt dan ik natuurlijk. Hoe lang doe je dat al? Hoe lang rook ik al twee sigaretten per nacht?'

'Weet ik niet. Ruim een jaar. Anderhalf of zo. Het spijt me.'

Sem gaat weer zitten. 'Godschristus,' zegt hij. 'Hoe kun je nou... Volgens mij verbrandt de gratin trouwens.'

'Nee die is nog lang niet klaar,' zegt Sophie. 'Het spijt me echt.'

'Ik hoef hem toch niet meer,' zegt Sem. Hij staat op en loopt naar de gang. Hij trekt zijn jas aan.

'Mag ik het uitleggen?' roept Sophie uit de keuken.

'Ja,' roept Sem.

Hij trekt de voordeur achter zich dicht. Zo zie je maar weer.

Stella Maris

Sam Gerrits

Toen je belde was ik net mijn haar aan het föhnen. Ik stond er een liedje bij te mompelen, met mijn kont tegen de badkamermuur. Iets met een pakkend refreintje was het, 'Nananana, we all flow in my pace...' Geen idee wat het was. Ik had het denk ik op de wekkerradio gehoord. Ik hoorde je door de herrie heen rinkelen en rende in mijn blootje de slaapkamer in. Ik gooide mijn haar over een schouder en nam blij de hoorn op.

'Schatje!' Ik was verrast, je was een stuk vroeger dan normaal. Meestal bel je me rond half acht 's ochtends. Jij hebt dan pauze. Waar jij bent is het vier uur vroeger, aardedonker en koud. Valwinden uit de bergen gieren om de reusachtige koepels waarin jullie naar de nachthemel turen. En jij zit daar dan, in het warme vest dat ik voor je gebreid heb, in een groot kantoor vol pulserende computerschermen, met knipperende oogjes vanwege het felle tl-licht en met je handen om een mok warme koffie, bij te komen van je wacht bij de telescoop. Zo stel ik het me voor. En als je je koffie op hebt neem je nog een kopvol, je pakt je mobiel van je bureau en je rijdt op je kantoorstoel het donker weer in. Omdat je daar privacy hebt, en omdat je daar, door een spleet in het koepeldak, naar boven kunt kijken. Waar dezelfde mooie sterren hangen als hier, dat zeg jij altijd. Je kunt Orion zien vanwaar jij zit. Dat vind ik mooi, dat we daar allebei naar kunnen kijken als je me belt.

Maar vanmorgen was vreemd. 'Schatje?' Ik hoorde geruis op de lijn, en een paar keer een klik. Ik dacht dat je had opgehangen, maar dat was niet zo. Ik hoorde iemand iets roepen en voetstappen die echoden, alsof je door een grote ruimte liep. Tenminste, ik neem aan dat jij het was. Ik hoorde je zingen, een paar tonen maar. Ik riep nog eens: 'Schatje? Hallo? Ben jij daar?' Daarna was er ruis. En toen een piep. En toen niets meer. Ik beet op mijn lip en liep naar het raam. Het werd langzaam licht. Orion, de Jager, stond nog in al zijn glorie aan de ochtendhemel. Er ging licht aan in het huis aan de overkant en ik realiseerde me dat ik naakt voor het raam stond. Ik liep de badkamer weer in en ging verder met mijn haar. Ik kleedde me snel aan en maakte een boterham klaar.

Om tien voor half acht zat ik weer bij de telefoon, met een rood appeltje en een servetje. Sap droop langs mijn kin terwijl ik hapte en wachtte. Maar je belde niet. Ik wachtte zo lang dat ik te laat van huis wegging en mijn aansluiting miste. Het sneeuwde en ik was een dik kwartier te laat op mijn werk. Ik fröbelde wat op de automatische piloot tot het vijf uur was en probeerde je tussendoor te bereiken. Je nam niet op. Ik ging vroeger dan gewoonlijk naar huis.

Onderweg speelde er een liedje non-stop door mijn hoofd: 'Nananana, we all flow in my place...' Zoiets, maar dan anders. Ik pijnigde mijn hersens om achter de woorden te komen, maar ik kon er niet meer op komen. De tram was vol en rook naar vochtige jassen. Ergens voorbij de halte Breedstraat begon het weer te sneeuwen. De tram werkte zich piepend en schokkend over de natte rails een weg naar de remise. De sneeuw die was blijven liggen was grauw van de stadsdampen. We gingen de Tweede Dwarsgracht over en kwamen langs een lange rij mensen die voor een nieuwe winkel stonden. Er werd daar vast iets uitgedeeld, of misschien was het een nieuw theater? We waren er voorbij voordat ik iets kon zien. Ik wrong me tussen de mensen door, stapte uit bij mijn halte en liep tussen de vallende vlokken door naar huis. Ik keek omhoog naar de hemel en stak mijn tong uit, om een sneeuwvlok op te vangen. Jij en ik maakten vroeger, toen je nog mijn buurjongetje was, wel eens sneeuw met piepschuim. Dan wreven we twee stukken tegen elkaar en gingen eronder liggen, totdat we bedolven waren met plakkende witte bolletjes. Als ik op de grond lag zag het er net zo uit als nu. Alleen dan met jouw gezicht erboven natuurlijk. Het puntje van je tong uit je mond, geconcentreerd bezig met je theatrale taak. Zo zag ik je later soms ook zitten, achter een stel formules op je computer of achter onze telescoop thuis.

Dat ding staat nu ongebruikt onder een stofkap op zolder. Af en toe kijk ik erdoor, maar ik vind het een beetje eng eigenlijk. Daarbuiten is zo groot en leeg. In een telescoop kijken lijkt een beetje op boven op een hoog gebouw staan en in de diepte turen. Met je oog aan de koude lens voelt het soms alsof je naar buiten gezogen wordt, het zwart in. Jij hebt daar geen last van, je kijkt er heel anders naar. Ik weet nog goed dat je me de zeeën op de maan liet zien, op je studentenkamer. We waren elkaar na jaren weer tegen het lijf gelopen. Jij herkende mij eerst niet, ik jou wel. Mare Tranquillitatis, zee van de stilte. Mare Nectaris, zee van nectar. Lavazeeën zijn het, gestolde maanbloedneuzen na enorme meteorietinslagen. De eerste maankijkers met hun troebele telescopen dachten dat er water in stond, vandaar al die zeenamen. Ach, jij met je telescopen en je piepschuim sneeuwvlokken. Jij was mijn persoonlijke weerman en ik jouw weervrouwtje. Hing het inderdaad maar van mij af, dan zou ik hier een prachtig wit sneeuwdek met een warm zonnetje maken en voor jou een kalme, heldere nacht, daar op je Zuid-Amerikaanse bergtop.

Ik liep de huiskamer binnen en draaide de thermostaat hoger. Je stond op mijn antwoordapparaat. Je begon met een zenuwachtig lachje, en iets wat klonk als 'ruimtelijk rijmteluikje'. Iets raars in ieder geval. Daarna begon je vol enthousiasme over je werk. Iets wat ik zoals gewoonlijk maar half begreep, maar ik was blij voor jullie. De nieuwe interferometriemethode werkte eindelijk en jullie hadden een planeetsysteem rond Alpha Cygni 1034-C of E gevonden. Je hebt het me wel eens uitgelegd.

Interferometrie is een soort bril die werkt als de ogen van een kreeft. Allemaal losse buisjes, waarvan het beeld samengevoegd wordt in het brein. De ster waar jullie naar keken stond in het sterrenbeeld Zwaan. Het was een van de eerste waar jullie planeten bij ontdekten. Niet zomaar dode klompen rots die duizeligmakend rondtollen rond een steriele röntgenzon, nee, echte gasreuzen, die zich rond een zon bewogen die op die van ons leek. Daar ergens tussen hadden jullie het absorptiespectrum van stikstof opgepikt, en CO_2 en water. Het kon allemaal op een meetfout berusten, maar je had goede hoop dat het sporen van een aarde-achtige planeet waren. Een wereld vol water en CO_2... Ik stelde me voor dat het er sneeuwde. Het was even stil, en je giechelde weer dat rare giecheltje. En toen zong je een liedje – mijn liedje. Alleen jouw tekst was anders: 'Nananana, we're all floating in space.' Je zong bijna het hele zinnetje, toen was de inspreektijd voor je boodschap op. Ik belde meteen terug. Je nam niet op.

Ik zocht jullie website. Hij was geupdate met de nieuwe gegevens. Dat was wel leuk maar de streepjescodes zeiden me niet zoveel. Gelukkig stond er ook een filmpje op. Het stukje video gaf een paar seconden livegegevens weer. Die avond zag ik het op het nieuws; jullie hadden een doorbraak. Maar niemand begreep wat het was, en jullie bergtop was onbereikbaar voor commentaar. Jullie beantwoordden geen telefoontjes, en ook geen e-mail. Je bergtop is een dagreis door de woestijn van het dichtstbijzijnde dorp verwijderd. Dat kan prima, het complex is een stad op zich en heeft grote voorraden. 'Een hardnekkige zandstorm maakt verkeer al dagenlang onmogelijk,' zei de verslaggever. 'Het enige wat nog werkt is dit ouderwetse telexapparaat, dat er voor noodgevallen staat.' De camera zoomde in op het gezicht van de telexman, een mesties met bolle wangen. Hij wreef met een angstig gezicht over zijn snor en mompelde 'Madre de Dios', terwijl het apparaat onophoudelijk series enen en nullen uitspuwde. De repen papier lagen kriskras gekruld door zijn kantoortje. Ze deden me denken aan de sierlijke lussen die versnellerdeeltjes maken wanneer ze uitvlokken in een elektromagnetisch veld, die platen die altijd bij je aan de muur hingen tijdens je promotieonderzoek. Ik moest naar de winkel, boodschappen doen. Ik maakte een lijstje, zocht een boodschappentas en opende de voordeur. De mat lag vol met piepschuimkorrels.

Verstandhouding

Karin Spaink

Alles praat met alles tegenwoordig. De melk zegt tegen de koelkast dat-ie op is, de koelkast vertelt dat aan de bezorgdienst, die dan tegen het luikje in onze voordeur praat. Mijn wekker spreekt met de verwarming en het koffiezetapparaat, mijn OV-chip praat tegen mijn magnetron zodat het eten klaarstaat als ik thuiskom. Alles volautomatisch. Ik kom er zelf niet meer aan te pas.

Alles praat met alles, tegenwoordig. Alleen jij niet meer met mij.

Wat absurd is, want je sprak altijd met alles en iedereen. Met de zwervers die langs de straten hingen, met onbekenden die je pad kruisten in winkels en cafés, met overstekende katten en scharrelende vogels. Je sprak met iedereen die je voor de voeten kwam. En vooral sprak je met apparaten en dingen, met de hele santekraam.

Je was nooit boos, bokkig of grof als iets of iemand niet meewerkte. Je veronderstelde nooit moedwil, hooguit misverstand, en meestal onhandigheid. Je probeerde altijd moed in te spreken. Je probeerde te verleiden. 'Och, wat loop je daar toch met je schouders gebogen. Heb je een zwaar leven? Ik zie het. Maar als je je rug recht, word je minder geslagen. Lieverd, houd jezelf fier. Probeer maar! Borst vooruit, schouders naar achteren, hoofd omhoog. Heus, het maakt uit, je zult het zien,' mompelde je tegen wildvreemden op straat.

Dat zo'n gebogen gestalte tegen de tijd dat jij je verhaal had afgestoken al bij de volgende hoek was en jij door je gemompel sowieso slecht te verstaan, deerde je niet. 'Verstaan doe je niet alleen met je oren,' zei je knipogend, en veegde dan een weerbarstige lok uit mijn ogen. 'Wat ben je toch lekker zacht,' voegde je daar soms aan toe, en zuchtte verlekkerd. Ik wist dan niet altijd of je het tegen mij of tegen mijn haar had, maar dat maakte niet uit. Als je van mijn onderdelen hield, hield je van mij – voor jou was alles een en ondeelbaar.

Je sprak met mij en daarom met alles. 'Kom op, kind, je kunt het,' zei je tegen haperende apparaten, een aanvuring om ze hun aarzeling te doen overwinnen. 'Yes!!' zei je als je oude auto na twee of drie vergeefse pogingen aansloeg, en streek daarbij teder over het dashboard; 'Dankjewel' zei je elke keer dat de auto je veilig naar huis had gereden. Je bewonderde de spiegel als je die had opgepoetst: 'Wat glim je mooi!' Je waarschuwde de deur als je hem wou sluiten en lette op dat je 'm nooit hard dichtsloeg. Je begroette 's morgens het koffiezetapparaat voordat je 't aanzette, je streelde je laptop bij elke herstart – 'Sorry voor de onderbreking' – en vertelde je dvd-speler hoe het ook al weer moest: 'Ja, nu het laatje open, kijk, ik leg de schijf erin. Jouw beurt: laatje dicht, en dan komt het menu.' Tegen je afstandsbediening: 'Nee, eentje lager nog, en dan het rijtje rechts, ik wou graag de Nederlandse ondertiteling, nee, niet Norsk, ja hebbes! Ik wíst dat je het kon!'

Je ontwapende me met je verhalen. Je stroomde over van tederheid, die golfde via je woorden uit je mond, je deelde je liefde gul uit aan de mensen en had ruimschoots over voor de dingen. Je monologen waren een niet-aflatende poging om de wereld te behoeden voor pijn en botheid, haar hoeken glad te strijken, om met beleefdheid en vriendelijkheid de dingen vlot te trekken, je loodste apparaten hun gebruiksaanwijzing door en hielp ze bij de uitvoering van hun taken, je steunde waar je kon. Alles even moeiteloos en vanzelfsprekend. Beleefdheid is sociale smeer zeggen ze wel, maar jij balsemde de wereld met je woorden.

Rechtvaardigheid bestond. Je vriendelijkheid werd beloond. Mensen waren nooit bot tegen je, apparaten in jouw omgeving gingen eigenlijk nooit kapot. Soms dacht ik wel eens dat je stem ze repareerde. 'Is er iets?' vroeg je bezorgd als de stofzuiger niet aan wilde slaan, en prompt begon-ie tevreden te zoemen.

Je was buitengewoon goed in techniek. 'Fuck. Ik hoop dat 't geen pijn deed,' zei je als een programma dat je aan het schrijven was onverwacht crashte. 'Ergens heb ik iets verkeerd gedaan, laat 's zien waar?' zei je, en wat het was weet ik niet, maar je vond de fout in een mum van tijd. Soms dacht ik dat je naar zo'n programma keek als een dokter naar een patiënt en gewoon *zag* wat er mis was. Dat-ie bleek om de neus was, ergens een zwelling had, of dat er iets uitstak op een plaats waar dat niet hoorde. Je keek, en heelde met je stem. Geen wonder dat je een gewild programmeur was.

Je trok met je woorden een magisch universum op waarin het leven zinderde. Jij was het toverstokje dat alles bezieling gaf, je hoefde de dingen alleen maar met je stem te beroeren. Je leerde me anders naar de wereld kijken. Scheefliggende stoeptegels waren niet langer een ergernis waarover mensen kwamen te struikelen: zo'n steen had de behoefte aan ruimte gevoeld, hij had even zijn borstkas vol adem willen laten stromen. Of er zat hem een kiezeltje dwars.

'Lig je niet lekker?' vroeg je, 'heb je last van je buren? Zit er soms een scherp randje dwars?' Ik hielp je de tegel te herschikken. Met je wijsvinger gleed je langs de randen van de andere stenen en je viste een ontluikend sprietje uit het zand. 'Jou zet ik langs de huizen, daar heb je meer ruimte. Was het om dat groen dat je omhoog kwam?' vroeg je de stoeptegel geamuseerd. 'Wat lief. Kom, scheef liggen is niks gedaan, dan schoppen de mensen je maar.' Samen maakten we het zand vlak en lieten de steen op zijn plaats glijden. Je veegde er wat zandkorrels af, of misschien was het een aai, ik wist het niet. Je stak je vinger naast de muur in de grond, prikte een gaatje in het zand voor de geredde kiem en hoopte het zand voorzichtig om het plantje heen. Ik ga nog wel 's kijken op die plek. Elke zomer bloeit daar een maagdelijk witte akelei met lange sporen.

Wanneer het veranderde, kan ik niet zeggen. Toen Microsoft haar Office Clip introduceerde, was je nog opgetogen. 'Kijk, een mannetje op mijn computer, hij vraagt wat ik wil en hij helpt me!' Ik denk dat je zielsverwantschap voelde. Je maakte een keer expres fouten om dat mannetje tevoorschijn te laten komen. Na afloop verontschuldigde je jezelf omstandig: 'O sorry, dat had ik niet mogen doen, je hebt vast meer aan je hoofd, en bovendien, ik behandel je als een circusbeer. Het spijt me, het spijt me vreselijk.' Dat je laptop je waarschuwde als z'n batterij leeg raakte vond je attent. Maar toen al zag ik soms een zweem van zorg over je gezicht glijden: 'Denk je dat dat als honger voelt, zo'n bijna lege batterij?' Die ene keer dat je niet zo snel een stopcontact kon vinden en je computer begon te piepen, raakte je in paniek. 'God, hij heeft pijn, hoor die arme ziel toch...'

'Je kunt hem uitzetten, dan is het over,' zei ik, en sloeg een arm om je heen.

'Maar dan is hij alleen met zijn pijn en kan ik hem niet troosten,' zei je met dunne stem. 'Computers voelen geen pijn, schat,' verzekerde ik je. Aan je ogen zag ik dat je me niet geloofde en dat toch dolgraag wou.

'Dat jij met al je technisch inzicht denkt dat computers kunnen voelen, daar kan ik met mijn verstand niet bij,' verzuchtte ik.

Je giechelde. 'Schat, het is precies andersom. Juist omdat ik zo naar ze kijk, zie ik meer dan anderen.'

Na de vorige verkiezingen kwam je in tranen thuis. 'Dat rótding!' Ik verstijfde, ik had je nog nooit horen schelden op apparaten. Je liet je op de bank vallen, kroop in een hoekje weg, je schouders schokten. Pas na een rol versnoten wc-papier en drie borrels wilde je me vertellen wat er was gebeurd. De tranen biggelden over je wangen, ik depte ze weg en kuste je ogen.

'Die stomme stemcomputer, ik kreeg ruzie met 'm. Weet je nog dat ik gisteren de stemwijzer had ingevuld? Nou, daar kwam toen de VVD uitrollen, maar je weet dat ik meer naar D66 neig. Dus dat ging ik zonet stemmen, maar dat mócht gewoon niet van hem. Er verscheen telkens een grote pop-up op het scherm: *U stemt niet volgens de eerder door u opgegeven voorkeuren. U kunt uw fout nu herstellen. Kies* ENTER, of zoiets.'

Je nam nog een slok. Je bibberde, het glas botste tegen je tanden. 'Sorry,' zei je, en zette het glas voorzichtig op de grond.

'En toen?'

'Ik praatte als Brugman, werkelijk waar, ik legde hem precies uit waarom ik toch niet op de VVD wilde stemmen, en hij bleef mijn stem maar weigeren. Apparaten luisteren *altijd* naar me, maar deze was ronduit koppig, ik móést doen wat hij zei... Ik heb uiteindelijk maar helemaal niet gestemd.'

Ik vulde je glas bij. 'Ik denk dat ze je IP en je DIGID hebben gekoppeld, vandaar dat dat ding commentaar had,' zei ik.

'Daar gáát het niet om.' Er klonk wrevel in je stem, daar schrok ik eigenlijk nog het meeste van. 'Hij wou niet naar me luisteren, dat was het erge. Dat is me nog nooit gebeurd.'

Die nacht droomde je onrustig. Je mompelde, er kwamen halve zinnen je mond uit, en hoe ik me ook inspande, ik verstond er niets van. De VVD won de verkiezingen overigens, maar ik geloof niet dat dat ertoe doet.

Twee weken later kochten we een nieuwe auto. TomTom, cruise & course control, airbags, waarschuwingssysteem, the works. Geld zat, je had net een riante opdracht van Google binnengesleept en had 'm binnen een week klaar, terwijl er twee maanden voor waren uitgetrokken. De auto was prachtig en je verheugde je op de gesprekken die je ermee zou voeren. Je had nog nooit met een cruise & course controlsysteem gesproken. 'Nu mag jij!' zei je zodra we op de snelweg reden en je overlaadde hem met complimentjes. 'Goh, je houdt gewéldig koers! Hoe doe je dat als er een bocht aankomt?' Je liet het stuur los en met je handen er iets boven zag je hoe het stuur langzaam op de bocht anticipeerde. Er verschenen pretlichtjes in je ogen. 'Gaaf man!'

We reden naar een duur hotelrestaurant in het Gooi en vierden daar de vrije weken die in het verschiet lagen. We dronken champagne, we aten reerug, we toastten op elkaar en op het leven, en jij natuurlijk ook op de maaltijd en de meubels en het bestek, zodat onze glazen snel leeg raakten. Het gaf niet, het gaf niks, vandaag hadden we feest, we hielden van elkaar en we bestelden nog een fles. We mochten best een beetje dronken worden, we bleven er toch slapen.

Toen ik de volgende morgen de auto wilde starten, gaf hij geen sjoege. Er flikkerde alleen een tekst op het dashboardscherm op. *In uw adem zit te veel alcohol. U mag deze auto thans niet besturen. We verwittigen nu de politie en uw gegevens worden doorgeseind.*

'Laat mij maar even, schat,' zei je en we wisselden van plaats. Je liet je adem over het stuur strijken – volgens mij fluisterde je erbij – en de tekst verdween subiet. De motor sloeg aan toen je de contactsleutel omdraaide. 'Je bent écht mijn auto, wist je dat al?' zei je blij, terwijl je je vingers trots langs het dashboard liet glijden.

Bij de afslag Watergraafsmeer ging het mis. Vreselijk mis. Er was een file, had de radio-omroeper al gewaarschuwd, iets met een ongeluk. *Wij leiden uw voertuig nu om langs een andere weg*, zei de TomTom onverwacht. Het stuur draaide naar links onder je handen, je probeerde het vast te grijpen maar het slipte tussen je vingers door. 'Shit, dit doe ik niet!' zei je verbaasd toen de auto een andere baan koos. 'Kom jongen, ik wil hier afslaan, die file interesseert me niet, ik weet een prachtige sluipweg.' Je stem klonk ongewoon ferm. Je draaide zelfverzekerd aan het stuur. De auto negeerde je handen, en wat erger was: je stem, en bleef koppig op de ringweg rijden.

Het uur daarna staat in mijn geest gekerfd. Hoe je de cruise & course control uit wilde zetten en je schrik toen bleek dat dat niet lukte. Hoe je de auto vruchteloos op de vluchtstrook probeerde te krijgen; hij wou niet. Hoe je de auto uiteindelijk – en alleen door de TomTom inderhaast een andere bestemming op te geven dan ons huis – naar het Amstelstation wist te manoeuvreren. Je parkeerde en stormde de auto uit, je struikelde in je haast. Ik ondersteunde je en veegde de haren uit je gezicht. Je knie bloedde. Je gezicht was wit en strak.

'Ik zet geen stap meer in dat ding,' zei je, 'hij lijkt wel behekst.'

Ik had geleerd je verhouding met de dingen te respecteren, bovendien: je was enorm aangeslagen. Zonder tegensputteren accepteerde ik je voorstel om met de tram naar huis te gaan.

We liepen naar de halte, je wankelde, ik sloeg mijn arm steviger om je heen. Nog vijf minuten voor de 19 zou arriveren, zeiden de displays. Je legde je armen om mijn hals en barstte in snikken uit. Van het huilen raakte je alleen maar meer in de war. 'Hij luisterde niet, ik was de macht over het stuur helemaal kwijt... Hoe kan dat nou' – je trommelde machteloos op mijn borst – 'ik snáp machines toch?'

U bevindt zich te dicht bij een andere verkeersdeelnemer en raakt hem agressief aan. De luidspreker naast de bewakingscamera. *Indien u nu geen afstand neemt en uw handen niet laat zakken, nemen wij maatregelen.* Van schrik deed je drie stappen naar achteren, maar je handen liet je niet zakken, je hief ze nog hoger en hield je oren ermee bedekt.

De dingen spraken eindelijk terug. En ze waren niet vriendelijk, ze grossierden in bevelen en opdrachten, ze dwongen je en dreigden.

Sindsdien heb je niet meer gesproken. Alles in ons leven gaat sindsdien volautomatisch. We komen er zelf niet meer aan te pas.

Over de auteurs

Jinte Dhelft debuteert met het verhaal 'De Woordvoerder'. Hij woont nabij Brussel en werkt in Gent zijn middelbare school af.

Karin Giphart schreef *Maak me blij* en *Iets tussen broer en zus*. Behalve schrijver is ze ook singer-songwriter; haar eerste cd heet *And she bites*.

Sam Gerrits debuteerde begin 2007 samen met Wouter Kusters en Jannemiek Tukker met het boek *Alleen. Verhalen uit de isoleercel*.

Niels 't Hooft schreef twee romans: *Toiletten* en *Sneeuwdorp*. Via zijn blog startte hij een actie om zijn eerste boek van de ramsj te redden en slaagde daarin.

Jonathan van het Reve heeft in Amsterdam het gymnasium doorlopen en daarna enige tijd gestudeerd. Hij werkt nu als kok. In 2007 debuteerde hij met *De boot en het meisje*.

Karin Spaink is hoofdredacteur van de serie *The Next Ten Years*. Daarnaast werkt ze aan een boek over de geschiedenis van *Hack-Tic*, XS4ALL.

Bas van der Veen debuteert met het verhaal 'Deus ex machina'. Hij studeert wijsbegeerte en sociologie aan de Universiteit van Amsterdam. Het is zijn doel om maatschappijkritisch en bewustmakend proza te schrijven.

Robbert Welagen volgde de Kunstacademie in Den Bosch en studeerde in 2004 af met verhalen. In 2007 debuteerde hij met *Lipari*, waarvoor hij de Selexyz Debuutprijs 2007 ontving.